Joana d'Arc

E SUAS BATALHAS

Phil Robins

Ilustrações de Philip Reeve

Tradução de Marcelo Andreani de Almeida

SEGUINTE

O selo Seguinte pertence à Editora Schwarcz S.A.

Grafia atualizada segundo o Acordo Ortográfico da Língua Portuguesa de 1990, que entrou em vigor no Brasil em 2009.

Título original:
Joan of Arc and her marching orders

Revisão:
Carmen S. da Costa
Márcia Moura

Dados Internacionais de Catalogação na Publicação (CIP)
(Câmara Brasileira do Livro, SP, Brasil)

Robins, Phil
Joana d'Arc e suas batalhas / por Phil Robins; ilustrado por Philip Reeve; traduzido por Marcelo Andreani de Almeida. — São Paulo: Companhia das Letras, 2010.

Título original: Joan of Arc and her marching orders.
ISBN 978-85-359-1780-2

1. Joana, d'Arc, Santa, 1412-1431 — Literatura juvenil 2. Santas cristãs — França — Biografia — Literatura juvenil I. Reeve, Philip. II. Título.

10-11301 CDD-028.5

Índice para catálogo sistemático:
1. Joana d'Arc: Literatura juvenil 028.5

6ª reimpressão

EDITORA SCHWARCZ S.A.
Rua Bandeira Paulista, 702, cj. 32
04532-002 — São Paulo — SP
Telefone: (11) 3707-3500
www.seguinte.com.br
contato@seguinte.com.br
/editoraseguinte
@editoraseguinte
Editora Seguinte
editoraseguinteoficial

A marca FSC® é a garantia de que a madeira utilizada na fabricação do papel deste livro provém de florestas que foram gerenciadas de maneira ambientalmente correta, socialmente justa e economicamente viável, além de outras fontes de origem controlada.

Esta obra foi composta por Américo Freiria em Wilke e impressa em ofsete pela Geográfica sobre papel Pólen Soft da Suzano S.A. para a Editora Schwarcz em março de 2024

SUMÁRIO

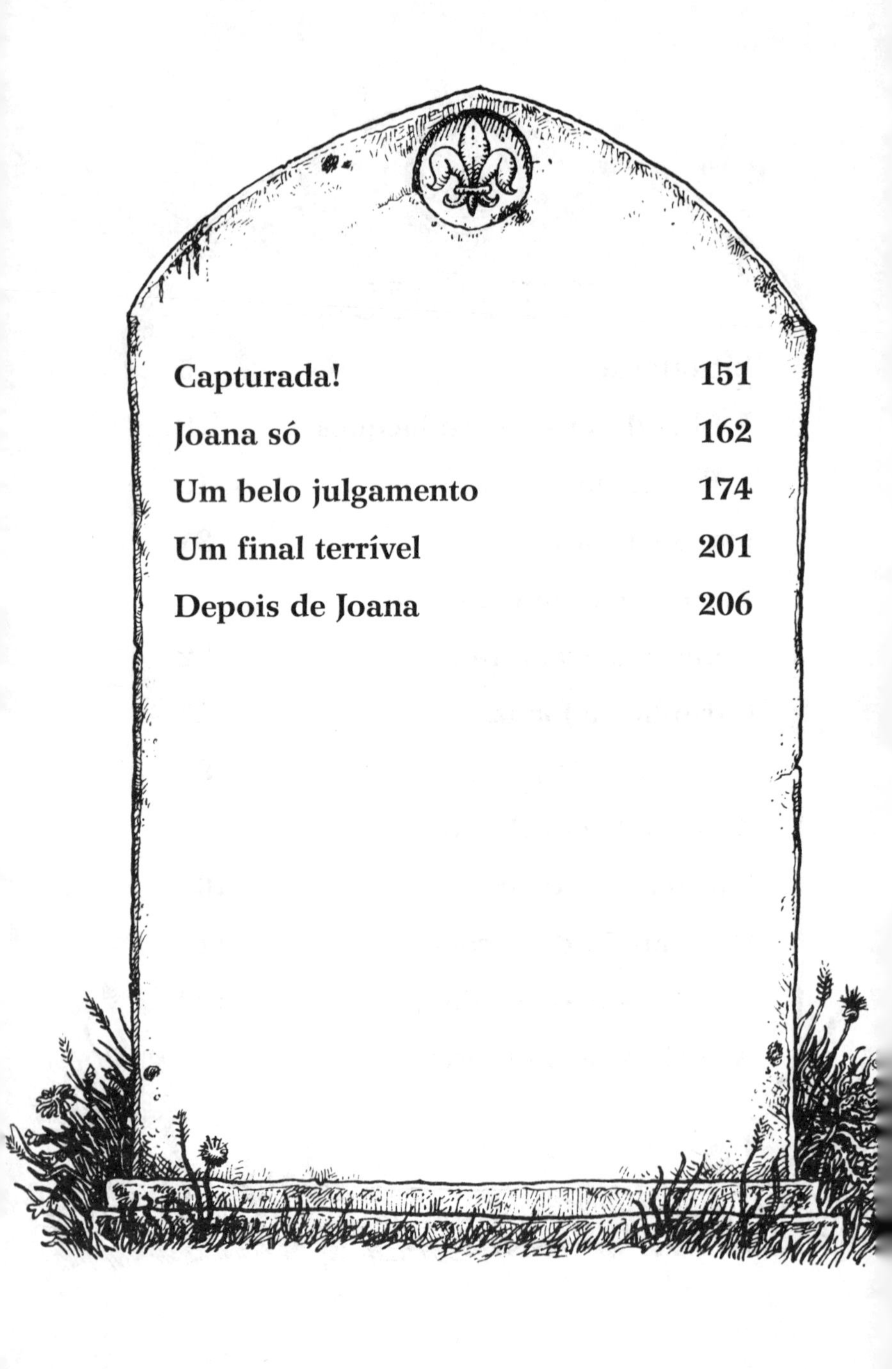

INTRODUÇÃO

A maioria das pessoas já ouviu falar de Joana d'Arc, mas por que exatamente ela é famosa de morrer?

De fato, Joana começou como uma simples camponesa. Ela cresceu trabalhando na fazenda do pai e, à primeira vista, não parecia nada especial. Para chegar a *algum lugar* na época dela, era preciso ser um homem — e também rico —, e Joana não era nem um nem outro. Mesmo assim, ela acabou mudando o curso da história do seu país e se tornou a mais famosa e bem-sucedida líder militar do seu tempo, tudo isso com apenas *dezessete anos* de idade. Mas, então, como ela conseguiu ter tamanho impacto?

Bem, para começar, Joana sabia dizer aos outros o que pensava sobre as coisas. Estava sempre zangada com o que acontecia ao seu redor; e escrevia frequentemente a reis e duques e outras figuras importantes, dizendo-lhes como fazer melhor e até lhes dando ordens.

Mas ela não apenas mandava suas cartas e parava por aí: graças a um temperamento extragrande, um gosto por aventuras repletas de ação e uma atitude "nunca diga nunca", na maioria das vezes ela conseguia o que queria.

Inacreditavelmente, Joana começou pastoreando carneiros e gado e acabou jantando com reis e liderando exércitos em batalhas, e este livro conta como ela fez isso. Você lerá tudo sobre as estranhas vozes angelicais que ela ouvia e as coisas extraordinárias que elas lhe contaram. Você vai ter a chance de avaliar e ter a sua opinião sobre alguns dos milagres pelos quais ela foi supostamente responsável. Você descobrirá como foi a relação da heroína com os holofotes de um dos mais sensacionais julgamentos de todos os tempos. E você vai saber mais sobre o triste e fumegante fim de Joana.

Também há algumas surpresas. Por exemplo, você sabia que ela...

- Teve que fugir de casa para encontrar o rei da França?
- Tentou impedir um exército inteiro de falar palavrões?

- Sobreviveu a uma flecha que lhe atravessou o peito?
- Roubou o cavalo de um bispo?

A história de Joana costuma ser narrada como se se tratasse de um conto de fadas: algo que aconteceu uma vez, numa terra muito, muito distante... Mas, como você vai ver, Joana era uma garota bastante prática, e talvez um pouco incomum — oquei, às vezes ela era estranha pra caramba. De qualquer forma, o que aconteceu a ela foi muito real, e a sua história certamente não teve um final digno de conto de fadas.

A história de Joana foi contada umas centenas de vezes ao longo dos séculos. Ela estrelou mais livros e filmes do que quase qualquer outra pessoa na história — e *nunca* deixou de impressionar a quem conhecia a sua trajetória. Siga adiante e se impressione também.

A FILHA DO FAZENDEIRO JACQUES

Em 1431, aos dezenove anos, Joana d'Arc enfrentava sozinha aqueles que a acusavam no tribunal. Nos últimos dois anos, havia feito muitas coisas improváveis — quase impossíveis. Ela ganhou batalhas, coroou um rei e salvou o seu país. Mas agora sua sorte tinha acabado, suas aventuras extraordinárias haviam terminado e ela estava nas mãos do inimigo.

Durante o julgamento, Joana enfrentou uma enxurrada de perguntas sobre o seu passado. Onde ela havia nascido? Quem eram os seus pais? Como ela tinha sido quando criança? Acima de tudo, seus acusadores queriam saber: "*Quem era essa garota que lhes tinha causado tantos problemas?*".

Joana respondeu a todas as perguntas honestamente: ela não tinha nada a esconder. E outras testemunhas depois sustentaram o que Joana tinha dito. É principalmente por causa dessas respostas, que foram cuidadosamente anotadas na época, que sabemos como a história de Joana começou...

Bebê Joana

Ninguém sabe *exatamente* a data, mas Joana provavelmente nasceu em uma noite fria de janeiro de 1412, em uma pequena aldeia chamada Domrémy, no leste da França. Domrémy fica no centro da bela região conhecida como Lorena, de onde vem a famosa quiche.

Os orgulhosos pais de Joana eram um casal trabalhador e se chamavam Jacques e Isabel Darc.

Fatos de capa e espada

O nome de Joana

Joana (ou Jeanne, em francês) ficou conhecida como Joana "d'Arc" por engano. O seu sobrenome era Darc, o que algumas pessoas erroneamente pensaram ser "d'Arc", abreviação de "de Arc", que significa "originária de Arc". Então, a pessoa que nós conhecemos como "Joana d'Arc" era, na verdade, Jeanne Darc de Domrémy!

Jacques Darc possuía uma fazenda de médio porte em Domrémy, e Isabel o ajudava cuidando da casa e das crianças, assim como fiando e costurando para ganhar um dinheirinho extra. Jacques Darc era um homem muito importante em Domrémy: depois do prefeito e do xerife, era quem estava no comando. (Lembre-se, estamos falando de uma aldeia muito pequena.)

Por causa da importante posição do seu pai, Joana cresceu em uma das cabanas mais aconchegantes de Domrémy, com paredes feitas de tijolo (e não de lama, como era mais comum). Joana tinha até seu próprio quarto. Porém, de toda maneira, se pensarmos nos padrões de hoje, a cabana era bastante simples.[1]

A vida no lar dos Darc devia ser muito agitada. Joana tinha três irmãos e uma irmã e, claro, montes de animais para cuidar.

1. Essa cabana está de pé até hoje e é parte de um grande museu dedicado a Joana, visitado por pessoas do mundo todo.

Tempos difíceis

Domrémy era uma bonita aldeiazinha, e poderia ter sido um bom lugar para se crescer caso os tempos tivessem sido melhores. Mas, para famílias como os Darc, havia sempre uma grande nuvem negra no horizonte. Por muitos anos, a França esteve envolvida em uma guerra terrível, e grandes partes do país, incluindo a Lorena, foram ocupadas por soldados inimigos.

Felizmente, Lorena não era uma região particularmente importante, e não havia tantas lutas se comparada com outras áreas. No geral, aldeões de lugares como Domrémy eram deixados em paz.

Mesmo assim, soldados vira e mexe passavam por lá a caminho de batalhas em outro lugar e, embora em geral não causassem problemas, nem sempre eram bem-comportados — em alguns episódios, ficaram longe disso. Diversas aldeias francesas como Domrémy foram atacadas por soldados de passagem; às vezes, até queimadas por completo.

A vida na fazenda

Assim como ter que se preocupar com a guerra, sobreviver da terra significava trabalho pesado para os aldeões de Domrémy. A vida não era fácil naquela época e, como o resto da sua família, a pequena Joana tinha que suar na fazenda.

Por ser uma garota, Joana também tinha que ajudar a mãe a fiar e costurar, e, durante suas aventuras posteriores, ela lembraria carinhosamente das muitas horas que as duas passaram sentadas conversando enquanto trabalhavam. (Mesmo depois de ter se tornado famosa e de estar associada à realeza, Joana gostava de contar às pessoas como era uma especialista com agulhas e linhas.) Foi durante essa época que a mãe a ensinou a rezar e a advertiu seguidamente para manter-se afastada dos soldados.

Nada de escola

Com tanto a fazer, Joana não teria tempo para frequentar a escola, mesmo se houvesse uma em Domrémy. Mas, naqueles dias, apenas os nobres ricos tinham a chance de ser educados. Pobres aldeões tinham que se virar. Por isso, Joana nunca aprendeu a ler ou escrever.

Sem escola, Joana aprenderia tudo o que precisava saber com sua família e amigos da aldeia. Então, que tipo de boletim ela poderia receber?

Boletim do bimestre: Joana Darc, 8 anos	
Francês:	Excelente. Joana já fala como uma nativa. (Claro que o fato de ela ser francesa ajuda muito.)
Matemática:	Bom. Joana sabe realizar operações, contanto que sejam somas. (Ela consegue contar os carneiros do pai.)

Geografia: 	Muito bom. Joana conhece bem as redondezas da aldeia, assim como entende bastante de agricultura.
Costura: 	Excelente. Joana consegue remendar meias por muitas horas (mas precisa dar uma paradinha para ordenhar as vacas).
Brincadeiras: 	Bom. Quando brinca no campo com as outras crianças da aldeia, Joana é uma competidora feroz e não admite a derrota (especialmente quando brinca de lutinha).
Educação Religiosa: 	Muito bom. Joana conhece muitas orações e gosta de ir à igreja.

Como sabemos, porém, Joana não se aquietou nem fez *apenas* o que era esperado para ela. Em vez disso, ela deixou sua marca na história. Tudo por causa da guerra, que zangava Joana mais do que qualquer outra coisa. Então, antes de continuar com a história de Joana, vamos saber um pouco mais sobre a história política da França.

A FRANÇA EM GUERRA

A tal guerra que causava tanto sofrimento a todos é conhecida como Guerra dos Cem Anos, apesar de na verdade ter se tratado de um monte de pequenas guerras que aconteceram durante 116 anos (de 1337 a 1453). O inimigo era a Inglaterra, mas toda a luta aconteceu em território francês, então os franceses sofreram muito mais.

Basicamente, os ingleses foram até a França, destruíram o lugar, mataram pessoas a torto e a direito e roubaram todo o seu dinheiro. E eles não o fizeram só uma vez, eles atacaram e saquearam de novo várias e várias vezes. Veja como um escritor francês que vivia naquela época descreveu os ingleses:

Eles são uma raça maldita, oposta a todo o bem e a toda razão, lobos devoradores, hipócritas orgulhosos e arrogantes, trapaceiros sem nenhuma consciência... homens que bebem e se empanturram de sangue humano, com o caráter de aves de rapina, pessoas que vivem apenas de roubos.

Como tudo começou

Em 1328, o rei da França morreu sem deixar nenhum filho, então sua coroa passou para um primo francês, o que parecia justo para a maioria das pessoas... Mas Eduardo III da Inglaterra também tinha um parentesco — sua mãe era a irmã do falecido rei —, então ele decidiu que deveria ser o rei da França (assim como o da Inglaterra).

Fatos de capa e espada

França e Inglaterra

Os franceses e os ingleses brigavam por território havia anos. Em 1066, os normanos saíram da França e invadiram as terras dos saxões, na Inglaterra. Eles ficaram por lá durante séculos e passaram a sentir-se ingleses (apesar de os mais classudos ainda falarem algum francês). Esse é um dos motivos por que os descendentes ingleses dos invasores normanos, incluindo Eduardo III, pensavam que tinham o direito de governar a França, já que vinham de lá originalmente. Mesmo antes da Guerra dos Cem Anos, os ingleses possuíam pedaços de terra na área onde hoje conhecemos como "França", e isso naturalmente gerou discussões.

Eduardo logo juntou um exército e cruzou o Canal da Mancha, em 1337, para causar estragos na França. Os reis ingleses que vieram depois dele seguiram seus passos e, pelos próximos cem anos ou mais, ir para a França e agir como um completo brigão era o comportamento esperado dos membros das classes altas da Inglaterra. Reis ingleses recompensavam opulentos lordes ingleses que lutavam por terras na França e, em pouco tempo, todo mundo que era alguém na Inglaterra também possuía um pedacinho da França.

Redução de contingente

Na época em que Joana nasceu, em 1412, os ingleses controlavam um grande pedaço do norte da França (a Normandia). Os franceses, como se pôde perceber, não eram exatamente bons em combater os tiranos ingleses e continuavam perdendo importantes batalhas...

O GLOBO GAULÊS

Agosto de 1346

ANIQUILADOS EM CRÉCY

Chegam informações de que nosso exército foi virtualmente exterminado pelos perversos ingleses. Crécy vai ser lembrada como um completo desastre para a França.

O GLOBO GAULÊS

Setembro de 1356

PISOTEADOS EM POITIERS

Depois de acabar com a gente mais uma vez, agora na Batalha de Poitiers, os ingleses acabaram capturando nosso rei! Sacré bleu! E os insolentes ainda querem resgate! Eles só o devolverão em troca de cerca de um terço do território.

Nós franceses decidimos ceder (bem, não podemos ficar sem ele, podemos?), então nosso rei logo estará de volta, para governar um reino muito menor do que estava acostumado.

Houve uma breve calmaria por alguns anos enquanto todo mundo recuperava o fôlego. (O novo rei inglês, Ricardo II, preferia ler poesia e pintar aquarelas a guerrear.) Mas, eventualmente, Henrique V tornou-se rei da Inglaterra, e as coisas ficaram ainda piores. O que ele mais gostava era de organizar alegres farras de assassinato e desordem além-mar, então decidiu, como objetivo principal de sua vida, dominar a França de uma vez por todas.

O GLOBO GAULÊS

Outubro de 1415

ANIQUILADOS EM AGINCOURT

Zut, alors! Adivinhem? Fomos empacotados mais uma vez, agora na Batalha de Agincourt — um completo banho de sangue, em que 10 mil franceses foram mortos, contra apenas trezentos ingleses. Agora o reino da França está menor do que nunca.

Planos, esboços e jogos de poder

Em tempos assim difíceis, os franceses precisavam muito de um rei vigoroso para guiá-los. Mas, por alguns anos, não tiveram sorte...

O GLOBO GAULÊS

Agosto de 1392

O REI ESTÁ LOUCO!

Acredita-se que o rei Carlos VI, que tem sofrido com a tensão dos eventos recentes, esteja absoluta e completamente maluco.

Dúvidas sobre a saúde mental do rei surgiram pela primeira vez há algum tempo, quando ele atirou em alguns de seus homens enquanto cavalgava.

As suspeitas foram confirmadas recentemente, quando ele foi visto correndo pelo castelo quebrando pratos, destruindo móveis e uivando como um lobo.

Ontem ele proibiu médicos de se aproximar dele, afirmando ser feito de vidro, e que quebraria caso alguém o tocasse.

Sua condição é tida como extremamente frágil.

Com o pobre Carlos, o Louco (como ele veio a ser conhecido mais tarde), doido demais para comandar a França adequadamente, outras pessoas tentaram fazê-lo por ele. (Naquela época não era possível simplesmente se livrar de um rei louco, mas você podia tentar deixá-lo de lado.) Os principais participantes neste jogo de poder eram...

Rainha Isabel, esposa de Carlos
No começo, ela ficou chateada com a doença do marido, mas logo procurou alguém para ajudá-la a governar.

Luís, duque de Orléans, irmão de Carlos
Queria continuar lutando contra a Inglaterra, e tinha esperança de que um dos filhos de Carlos VI e Isabel pudesse governar a França um dia.

João, o Destemido, duque da Borgonha
Preferia fazer as pazes com os ingleses, esperando secretamente um dia poder dividir a França com eles.

Fatos de capa e espada

Borgonha
A Borgonha era uma região da França e, no passado, os duques de lá haviam sido leais ao seu governante, o rei da França. Mas, ao longo dos anos, foram recompensados pelo rei com mais e mais terras. Ficaram mais e mais poderosos, e agora chegavam a possuir terras *fora* da França.

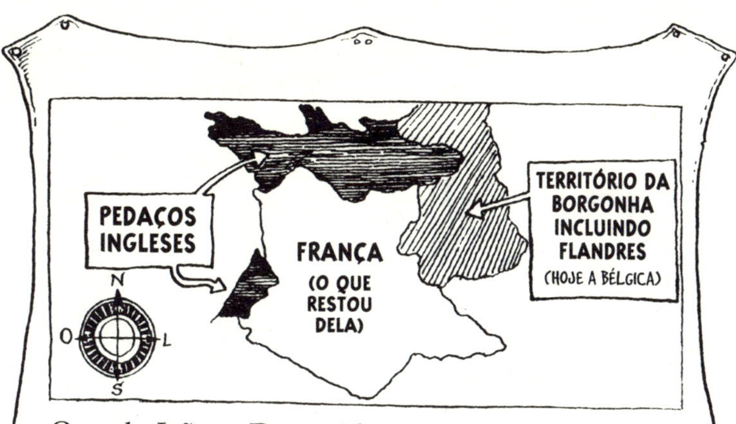

Quando João, o Destemido, se tornou duque da Borgonha, logo começou a agir como se fosse o governante de um país separado, e quase nunca apoiava a França. (Ele era amigável com os ingleses em parte porque Flandres fazia muitas trocas com eles.)

De qualquer forma, foi isso o que aconteceu:

1 João e Luís odiavam um ao outro, e estavam sempre discutindo.

2 Eles competiam para cair nas graças da rainha, enquanto Carlos, o Louco, era mantido fora do caminho.

3 No começo, Isabel flertava com Luís.

4 Até ele ser brutalmente assassinado em 1407.

5 Eventualmente, Isabel decidiu que João era a melhor opção para ajudá-la a governar (provavelmente por ele ainda estar vivo e coisa e tal).

Isabel não queria estar no lado perdedor, não importava o que acontecesse. E, no fim, parecia mais seguro ser extra-amigável com João, o Destemido, e conseguir que seu doido maridinho fizesse as pazes com os ingleses em vez de continuar a lutar contra eles.

França dividida

Como resultado da rivalidade entre João e Luís, o povo da França dividiu-se em duas facções belicosas. Aqueles que eram fãs de Luís adotaram o nome de "Armanhaques" (em homenagem ao duque de Armanhaque, seu novo líder). Aqueles que torciam pelo duque da Borgonha ficaram conhecidos como "Borgões" (mesmo sendo da França, e não da Borgonha).

ARMANHAQUES

- QUEREM QUE UM DOS FILHOS DE CARLOS, O LOUCO, GOVERNE A FRANÇA.
- QUEREM LUTAR CONTRA OS INGLESES E OS BORGÕES.
- MAIORIA DO SUDOESTE DA FRANÇA.

BORGÕES

- QUEREM QUE O DUQUE DA BORGONHA GOVERNE OS PEDAÇOS DA FRANÇA DEIXADOS PELOS INGLESES.
- QUEREM FAZER AS PAZES COM OS INGLESES E DESTRUIR OS ARMANHAQUES.
- MAIORIA DO NORDESTE DA FRANÇA.

Os dois lados lutaram ferozmente por anos, mas, no fim, acordos de paz pareceram uma boa ideia — ou os ingleses poderiam levar vantagem da rixa e invadir a França por completo. (Nem mesmo os borgões queriam isso.) Então, um dia, João, o Destemido, recebeu um convite de um dos líderes dos armanhaques...

Caro Sr. Destemido (nosso odiado inimigo),

Sabemos que você matou Luís anos atrás e que é muito amigo de nossos arqui-inimigos, os ingleses. Ainda assim, pelo bem do nosso país, estamos dispostos a perdoar e esquecer. Por que você não vem nos encontrar na ponte em Montereau (no dia 10 de setembro de 1419) para que possamos ~~matá-lo~~ fazer as pazes?

Seus confiáveis amigos,
Os Líderes Armanhaques.
Por favor, traga um ~~caixão~~ vinho.

Em vez de responder dizendo que tinha que lavar o cabelo naquela noite, João honrou o seu nome e foi. Ele pensou que os armanhaques tentariam convencê-lo a mudar de lado e juntar-se a eles contra os ingleses lhe prometendo muito dinheiro e poder. Mas, chegando lá, se meteu em uma discussão... que acabou virando briga... e, em pouco tempo...

Os armanhaques finalmente vingaram o assassinato de Luís. Mas parece que também não foi boa a ideia de mandar João de volta para casa com um machado no crânio — e os resultados se mostraram desastrosos.

Fatos de capa e espada

Quem foi?

João foi para a ponte principalmente para falar com um garoto de dezesseis anos chamado Carlos, que era um dos filhos de Carlos VI e Isabel e esperava ser rei da França um dia. Ele não era uma pessoa muito forte ou decisiva, como veremos, e provavelmente não foi ideia sua matar João. (E é quase certo que não foi ele quem o fez.) Ainda assim, Carlos levou a culpa, então fugiu e se escondeu.

Mais tarde, sua mãe Isabel deserdou Carlos completamente, e ela e seus amigos borgões tentaram convencer o povo de que ele era um assassino e não merecia ser rei. (Algumas pessoas até disseram que seu pai não era Carlos VI, mas um dos namorados de Isabel, o que significaria que o jovem Carlos não tinha sangue real.)

Horrorizados pela traição dos armanhaques, os borgões fizeram uma aliança com os ingleses contra eles ainda mais firme. E Isabel juntou-se ao novo duque da Borgonha, um cara chamado Filipe, o Bom.

Os dois estavam determinados em derrotar os armanhaques de uma vez por todas, mesmo que isso significasse fazer um acordo entregando a coroa francesa aos ingleses.

O traiçoeiro Tratado de Troyes

Quando ficou óbvio que Carlos, o Louco, estava prestes a bater as botas, Isabel e seu novo amigo Filipe, o Bom, forçaram-no a assinar um tratado com Henrique V da Inglaterra:

TRATADO DE TROYES 1420

~~Minha esposa diz~~ Ou melhor, por meio desta eu declaro que minha filha se casará com meu pior inimigo, rei Henrique da Inglaterra, que também cuidará do meu país para mim de agora em diante. Quando eu morrer, o filho deles (que ainda nem nasceu) é que será rei da França, e não meu filho adulto, Carlos (mesmo que ele seja o herdeiro por direito, além de ser francês).
Parece justo para mim.

~~A Fada do Dente~~
Rei Carlos VI

Reis ingleses reivindicaram o direito à coroa francesa por anos, mas até então os reis da França sempre os mandaram às favas. (Mesmo perdendo muitas batalhas, eles nunca admitiram a completa derrota.) Mas agora um rei francês maluco tinha, de fato, transferido o seu reinado!

Os armanhaques ficaram furiosos com o Tratado de Troyes e o consideraram uma bobagem. Por toda a França — inclusive na aldeia de Domrémy — muitas pessoas foram igualmente contra.

Para Joana e sua família, o drama político deve ter parecido bastante remoto. As notícias corriam lentamente naquela época, e os habitantes de aldeias como Domrémy tinham apenas uma vaga ideia do que acontecia.

Mesmo assim, como já vimos, os soldados que passavam e ameaçavam atacar as aldeias da Lorena eram suficientemente reais. Esses soldados eram na sua maioria borgões, pois Lorena ficava bem no meio do território sob a custódia da Borgonha.

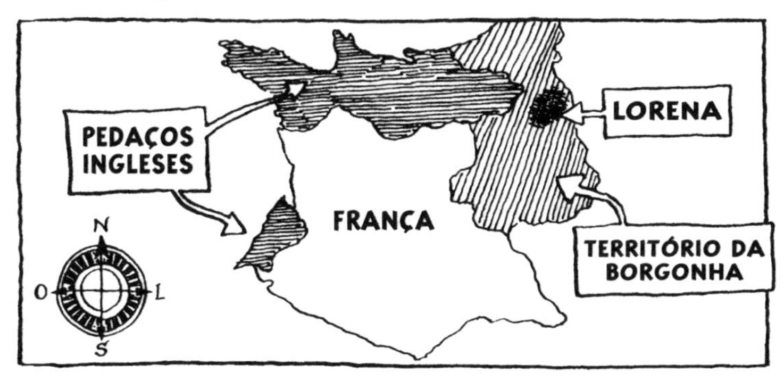

Ainda que a maioria das aldeias da Lorena apoiasse os borgões, também havia pequenos focos de simpatia aos armanhaques, e Domrémy era um desses. Como toda a França, a área tinha sido profundamente dividida pela guerra, então aldeias vizinhas podiam encontrar-se em lados opostos.

No geral, os aldeões da Lorena estavam ocupados demais tentando sobreviver da terra para se meter a lutar com os vizinhos. Na maioria das vezes eles apenas se aturavam e deixavam o assassinato e a desordem para os soldados. Mas, saiba você, eles nem sempre conseguiam impedir as crianças de se meter em brigas...

Uma garota com os pés no chão

Joana d'Arc costuma ser descrita como dona de uma beleza pálida, elegante — parecida com uma princesa de conto de fadas —, mas, quase certamente, ela não era nada parecida com isso. Era pequena, provavelmente de aparência comum, com um rosto avermelhado e as mãos ásperas por trabalhar ao ar livre em todas as estações. O que se mostrou bastante útil — ela não estaria à altura de liderar exércitos se fosse do tipo que se preocupa com unhas quebradas e cabelos com pontas duplas.

E ela certamente não agia como uma princesa de conto de fadas. Podia ser um tanto bocuda, para começar, e sempre foi de falar o que pensava. Por exemplo, quando ficava zangada com alguém — como o único criador de caso de Domrémy que disse apoiar os borgões e não os armanhaques —, Joana costumava dizer que queria ver suas cabeças cortadas! Mas na verdade não era uma garota com sede de sangue, esse era só o seu jeito brusco de falar.

Na terra das fadas

Meter medo nos outros não era a sua única diversão, então, quando tinha uma folguinha, Joana às vezes ia com suas melhores amigas — duas garotas chamadas Hauviette e Mengette — explorar a parte mais profunda da floresta de Domrémy, onde ficavam os carvalhos. De acordo com uma superstição local, o lugar estava cheio de fadas, e perto de uma nascente que teria poderes mágicos de cura ficava uma velha árvore conhecida como a Árvore das Fadas. (Diz a lenda que um cavaleiro costumava ir até lá para conversar com uma das fadas.)

As crianças de Domrémy faziam piqueniques e dançavam em volta da árvore com frequência, cantando canções e pendurando flores nos seus galhos como presentes para as fadas. Os aldeões sabiam que essas velhas superstições eram bobagem, mas eles não queriam impedir as crianças de se divertir, e todo mundo concordava que se tratava somente de uma brincadeira inocente. (Ninguém podia imaginar que um dia aquilo causaria problemas para Joana.)

Santa Joana

Aos domingos, Joana e sua família sempre vestiam seus melhores casacos e iam à igreja com todos os outros aldeões.

ASSUNTOS MEDIEVAIS

Ir à igreja

Hoje em dia, a maioria das pessoas prefere passar seus domingos lavando o carro, arrumando a casa ou passeando em shopping centers. Na Idade Média, porém, ir à igreja era um dever. Na verdade, *não* ir à igreja era algo praticamente impensável. A religião cristã era uma parte importante da vida de todos na França medieval. Os tempos eram difíceis e muitas pessoas encontravam com a morte quando ainda eram jovens. A Igreja oferecia a elas conforto e apoio em face da morte e do desastre.

De qualquer forma, mesmo naqueles dias, algumas pessoas eram mais entusiasmadas por ir à igreja do que outras. Joana era absolutamente louca por aquilo, e às vezes arrumava problemas por frequentá-la demais!

A igreja em Domrémy ficava ao lado da casa do pai de Joana, e ela adorava o som dos seus sinos, anunciando as Horas de Oração. Ela sempre insistia em ouvi-los, não importava onde estivesse, e uma vez, quando o responsável pela igreja cochilou e não os tocou, Joana lhe disse poucas e boas por não cumprir o seu dever. Ela até tentava suborná-lo com presentes se ele prometesse fazer melhor no futuro!

Outra razão pela qual Joana gostava da igreja era porque ela a mantinha em contato com o que acontecia. Naqueles dias, era provavelmente na igreja, onde todos se reuniam, que os aldeões escutavam os últimos rumores sobre a guerra...

E também, é claro, havia a própria cerimônia. Naqueles dias, os padres a proferiam quase sempre em latim e, apesar de não entender exatamente tudo o que era dito, Joana gostava de ouvir o padre murmurar aquelas palavras que soavam como grandes mistérios. Acima de tudo, Joana gostava de tomar a comunhão e confessar os seus pecados...

ASSUNTOS MEDIEVAIS

Comunhão

A comunhão era a parte mais importante da missa, quando se comia um pedaço de pão e tomava-se um gole de vinho. Eles haviam sido especialmente abençoados pelo padre para que se tornassem o corpo e o sangue de Cristo, cedidos por ele para o perdão dos pecados.

Confissão

Confessar-se significava ir até um padre e contar-lhe todas as coisas ruins que se tinha feito para que Deus pudesse perdoá-las.

Outra coisa sobre a igreja é que ela despertava a imaginação de Joana. Por não ter ido à escola e nunca ter aprendido a ler ou a escrever, as figuras e histórias que via e ouvia na igreja em Domrémy eram muito importantes para ela. Elas falavam de santos e anjos e batalhas entre Deus e o Mal, e Joana rapidamente passou a ver a guerra na França nesses termos. Ela tinha certeza que Deus devia estar chocado com a injustiça da guerra e que logo iria ajudar a França a conquistar seus inimigos.

Novos acontecimentos

Mas Deus parecia não estar escutando as orações de Joana, porque, quando ela tinha dez anos de idade, o domínio inglês sob a França ficou mais forte que nunca...

O CLARIM DA BORGONHA

22 de outubro de 1422

REI MALUCO PASSA DESTA PARA A MELHOR

NOSSOS AMIGOS INGLESES AGORA ESTÃO NO COMANDO

Carlos, o Louco, finalmente está morto. E, como todo mundo sabe, o rei Henrique V da Inglaterra também abotoou o paletó no começo deste ano (que ele descanse em paz). Então, de acordo com o maravilhoso Tratado de Troyes, o filho de Henrique (Henrique VI) é agora rei da Inglaterra *e* da França.

Ainda lhe falta experiência, é verdade, já que ele tem apenas dois anos de idade!

Então, até que ele cresça um pouco, um nobre inglês de primeira, o duque de Bedford, vai cuidar da França para ele, com a ajuda de seu aliado, o duque da Borgonha (nosso admirável líder).

Este jornal diz: Viva. O país finalmente está em boas mãos.

DENTRO: APRENDA A FALAR INGLÊS! GRÁTIS!

Inclui: "Olá", "Tchau", "Eu me entrego", "Por favor, pare de me bater" e muitas outras frases úteis.

Para os armanhaques, as coisas pareciam muito ruins. Mas espere um minuto. Não eram *todas* más notícias, certo?

NOTÍCIAS DE ARMANHAQUE

Outubro de 1422

NOSSA CHANCE ENFIM?

Todos sabem que o Tratado de Troyes é uma besteira. Agora que o rei louco que o assinou está morto e enterrado (que ele descanse em paz), o caminho certamente está aberto para que o seu filho assuma como o novo rei francês. E com o novo rei inglês ainda nas fraldas (mesmo que ele tenha nobres crescidos para ajudá-lo), não será difícil para que nosso homem tenha a vantagem.

Só resta saber como nosso nobre novo rei vai reagir ao desafio.

Então, quem era a nova esperança francesa? Bem, Carlos, o Louco, tinha vários filhos, e os armanhaques esperavam que um deles fosse um rei bom e vigoroso. Mas, em 1422, todos eles haviam morrido, com exceção do mais novo, que se chamava Carlos como o pai. (Ele era o cara que havia encontrado João, o Destemido, na ponte em Montereau e que fugiu depois de algumas pessoas o acusarem de ter assassinado João.)

Como vimos, muitos armanhaques pela França esperavam muito do seu delfim de vinte anos, Carlos. (Delfim era como os franceses chamavam um príncipe que devia herdar a coroa.) Poucos o haviam visto, é claro, e a maioria das pessoas não tinha ideia de como era a sua aparência. (Nada de fotos ou imagens de TV naquela época!) Mas, se imaginavam algum herói bonitão que os lideraria rumo à vitória, não poderiam estar mais enganados!

Na verdade, Carlos sofria dos nervos e tinha medo de fazer *qualquer coisa* sozinho. Então, apesar de os armanhaques pensarem que ele era agora seu rei, e não apenas o delfim, ele nem tinha a coragem para ser devidamente coroado, o que mostraria a todos que ele realmente *acreditava* ser rei. Em vez disso, ele apenas tentou ficar quieto e evitar chamar muita atenção! (Saberemos mais sobre ele um pouco adiante.)

Enquanto isso...

Já que Joana nunca aprendeu a ler ou a escrever, ela não poderia ter escrito um diário. Mas se ela tivesse ditado um, como ela fez mais tarde com suas cartas, talvez ele fosse assim...

DIÁRIO SECRETO DA JOANA

Verão de 1423

Há rumores de que Domrémy pode ser invadida a qualquer momento. Papai diz que talvez nós tenhamos que fugir para outra aldeia.

Pessoalmente, eu gostaria de ficar e mostrar umas coisinhas àqueles soldados! Mas ninguém liga pra mim, eu tenho apenas onze anos.

Quando nosso delfim Carlos vai fazer alguma coisa para nos salvar? E quando ele vai ser coroado rei e lutar devidamente com os ingleses? Bem, eu suponho que ele saiba o que está fazendo — afinal de contas, ele é o delfim.

Bem, eu realmente devo voltar ao trabalho, apesar de ele ser um tanto maçante.

Vacas são legais, mas elas não falam muito. Sempre tem Deus pra se conversar, eu suponho. Mas, pra ser honesta, Ele também não fala muito. Queria tanto que Ele falasse comigo!

ARGUMENTANDO COM ANJOS

Lá pelos treze anos de idade, Joana se sentia um pouco solitária. Ela frequentemente perambulava sozinha pela floresta para pensar e rezar, às vezes esquecendo completamente dos animais dos quais devia estar cuidando.

Uma de suas caminhadas preferidas era uma longa subida pela floresta até uma capelinha abandonada que ela conhecia. Lá, Joana ajoelhava-se em frente à estátua da Virgem Maria e rezava por horas em silêncio. Ela voltava tarde para casa e não falava para seus pais onde estivera.

Seus amigos notaram que Joana não brincava mais com eles, ficava dando voltas com um olhar estranho e distante no rosto.

Joana passava cada vez mais tempo se confessando, o que não era comum entre os jovens de sua idade, mesmo naquela época.

Até que, um belo dia, aconteceu algo que iria mudar a vida de Joana para sempre.

DIÁRIO SECRETO DA JOANA (13½ anos)

Domrémy, agosto de 1425

Hoje algo incrível aconteceu. Eu acho que Deus realmente falou comigo.

Eu estava correndo no campo com as outras crianças. Não comera o dia inteiro, e estava quente pra caramba, e depois da corrida eu pensei que ia desmaiar, então me sentei na grama para respirar um pouco e fechei meus olhos.

Então ouvi uma voz — pensei que era um dos garotos — dizendo que minha mãe precisava de mim. Corri para casa. Mas, quando eu cheguei lá, Mamãe disse que não tinha me chamado.

Daí eu corri pelo jardim do Papai até o pasto. Era por volta de meio-dia, e no meu caminho em direção à igreja havia uma mancha de luz brilhosa. Eu parei, esfreguei meus olhos e comecei a ficar muito assustada. E então ouvi uma voz, a voz de um homem, vinda da mancha de luz.

Foi a voz mais bonita que já escutei, e eu nunca vou esquecê-la enquanto viver. Ela disse: "Joana, seja boazinha: vá sempre à igreja".

Eu estava surpresa demais para dizer qualquer coisa, e em pouco tempo a luz sumiu me deixando sozinha de novo. Mais tarde eu pensei sobre a coisa toda e decidi que aquela deve ter sido a voz de Deus.

Será que Deus realmente falou com Joana através de um anjo? Ou ela apenas imaginou aquilo tudo? Será que aconteceu porque ela não havia comido durante o dia e estava muito quente e ela ficou tonta depois de correr? Teria sido o que hoje chamamos de "alucinação", algo que ela pensou ter visto e ouvido, mas que realmente não existe a não ser na sua própria cabeça?

Costuma-se dizer que pessoas que passam muito tempo sozinhas estão mais sujeitas a começar a ver coisas (e escutá-las). Joana ficava sempre sozinha, e ela também era uma criança imaginativa, que queria desesperadamente conversar com Deus. Será que ela queria tanto que a sua própria mente fez acontecer?

Joana achava que não. Segundo a garota, suas orações estavam literalmente sendo respondidas. E as conversas com Deus haviam apenas começado.

O grande segredo de Joana

Não demorou para que Joana ouvisse a voz de novo. E o que a voz disse para ela desta vez foi realmente incrível. Ele disse que ela deveria ajudar o rei da França a lutar contra os seus inimigos.

Joana teria mais muitos, muitos dias como esse. A voz continuava voltando para lhe dizer a mesma coisa. E, toda vez, Joana argumentava que esta era uma tarefa impossível para uma garota de treze anos realizar. Mas ela ouvia a voz com mais e mais frequência, ao menos três vezes por semana e, às vezes, diversas vezes em um dia. Ela a escutava no jardim do seu pai ao meio-dia, na floresta pela tarde e muitas vezes nos campos ao anoitecer, quando os sinos da igreja badalavam a distância.

Gradualmente, à medida que os meses passavam, a voz parecia assumir uma personalidade mais definida e, no fim, ela a reconheceria como sendo do arcanjo são Miguel. Em pouco tempo, a ele juntaram-se outras duas vozes, dizendo a ela a mesma coisa, e essas ela eventualmente reconheceria como santa Catarina e santa Margarida.

Esses três personagens lendários eram como celebridades na Idade Média, tão conhecidos quanto alguns pop stars o são hoje. E, se você pudesse ver seus perfis, eles também teriam muitas conexões com a região da Lorena, então Joana sabia bastante sobre eles...

ARCANJO SÃO MIGUEL

A carreira de Guel começou espetacularmente bem quando, nos primeiros anos da criação, ele liderou o exército de anjos de Deus contra a maçã podre, o arcanjo Lúcifer, e obteve êxito em chutá-lo junto com seus seguidores para fora do céu, ou melhor, diretamente para o inferno (onde Lúcifer agora governa sob o nome de Diabo). Desde então, Guel foi um dos mais confiáveis e respeitados anjos de Deus do mundo todo.

Roupas prediletas:
Brilhosa armadura de ouro e espada.
Música predileta:
Marchas militares e canções celestiais.
País predileto:
França, onde os armanhaques o adotaram como um símbolo de resistência.
Diga:
"Eu adoro suas primeiras obras."
Não diga:
"Meu anjinho de coco, pegue meus chinelos."

SANTA CATARINA

No terceiro século a.C., Catarina era a filha de um perverso imperador, e com quem costumava discutir. As coisas fugiram de controle, entretanto, quando ele a puniu amarrando-a a uma roda e girando-a muito rápido. Ela foi decapitada e nunca olhou para trás. Agora uma santa credenciada, veio a se tornar muito famosa na Europa como protetora das jovens garotas. Recentemente, teve um retorno explosivo quando lançou sua nova carreira como um fogo de artifício, mais conhecido como Roda de Catarina.

Aldeia predileta:
Maxey, perto de Domrémy, de onde ela é a santa patrona.
Acessório fashion predileto:
Uma espada.
Século predileto:
O século XV, quando ela foi a santa mais popular da Europa.
Diga:
"Afinal de contas, quem precisa de uma cabeça?"
Não diga:
"Quer dar uma volta?"

SANTA MARGARIDA

Diz a lenda que Margarida foi uma pastora que teve sérios problemas depois de atirar-se de uma torre para fugir de um casamento forçado. Ela sobreviveu e provou seu poder quando foi completamente engolida por um dragão e conseguiu dar o fora de lá sã e salva. Ninguém segurava essa mulher! Ela também foi decapitada antes de estabelecer uma bem-sucedida carreira como santa patrona das mulheres grávidas e de pessoas possuídas por demônios.

Hobbies:
Usar roupas masculinas de tempos em tempos. (Ela acreditava, assim, desacreditar os homens que queriam casar com ela.)
Acessório fashion predileto:
Uma espada.
Igreja predileta:
Aquela em Domrémy onde há uma estátua de Margarida, feita no início do século XV, até hoje.
Diga:
"Então, como é ser engolida por um dragão?"
Não diga:
"Casa comigo?"

As vozes de Joana falavam com ela com tanta frequência que eventualmente ela as conhecia melhor que seus amigos e sua família. Com o tempo, Joana dizia poder escutá-las, vê-las e até cheirá-las! (Em seu julgamento, Joana disse que Catarina e Margarida tinham um perfume tão agradável que ela não conseguia aguentar quando elas sumiam sem levá-la com elas.) Mas, por mais que as amasse, ela ainda pensava que o que elas diziam era ridículo, e tentar convencê-las disso logo se tornou parte da rotina de Joana.

Devia haver horas em que ela não sabia se ia ou vinha com todas aquelas vozes diferentes lhe dizendo o que fazer.

ASSUNTOS MEDIEVAIS

Escutar vozes

Nos dias de hoje costumamos pensar que alguém é doido se diz ouvir vozes que mais ninguém é capaz. Na Idade Média, porém, essas afirmações eram levadas mais a sério. De tempos em tempos, um místico ou santo aparecia dizendo ter ouvido a voz de Deus, e as pessoas costumavam acreditar neles. Mas as pessoas achavam que o Diabo podia também falar, e ficavam apavoradas com a ideia de que o Diabo estivesse influenciando alguém ao falar com ele fingindo ser Deus.

Às vezes Joana tinha medo de que ela talvez pudesse estar errada sobre suas vozes. Talvez elas não fossem de Deus, mas do Diabo. Se fosse ajudar Carlos, como lhe sugeriam as vozes, por exemplo, ela teria que abandonar sua pobre e velha mãe e seu pai que precisavam dela em casa. Talvez o Diabo a estivesse tentando a fazer a coisa errada. Com preocupações como essas, não é de espantar que Joana passasse tanto tempo discutindo com suas vozes. Joana era uma garota com força de vontade, e que não abandonaria os pais por uma aventura precipitada só por causa de vozes misteriosas.

Ela não queria desobedecer a Deus, mas preferia ter certeza absoluta de que era com Ele que estava lidando!

No total, Joana falou com suas vozes por incríveis *três anos* antes de agir! Ninguém podia dizer que Joana era ingênua!

Contar ou não contar

Finalmente, quando fez dezesseis anos, Joana desistiu. Suas vozes agora lhe davam dicas práticas e a aconselhavam a pedir ajuda ao capitão armanhaque local. Ele se chamava capitão Baudricourt e estava baseado em uma cidade chamada Vaucouleurs, a cerca de vinte quilômetros da aldeia dela. (Joana deve ter ouvido do capitão Baudricourt pelo seu pai que, como vice-vice-prefeito, provavelmente o conhecera em negócios oficiais da aldeia.) Baudricourt, as vozes disseram, levaria Joana ao delfim, e ela decidiu tentar.

Ela devia dizer aos pais que planejava abordar o capitão? O problema era que Joana não imaginava que eles a levariam muito a sério...

Então Joana tentou manter seus planos em segredo.

Mas não era fácil, e ela devia estar estourando para contar a alguém. (Ouvir vozes pode ser um negócio muito solitário!) Talvez Joana tivesse deixado algumas pistas pela aldeia, pois um dia o pai dela pareceu perceber que algo estava acontecendo. Ele disse à filha que havia tido um sonho em que Joana decidia partir com um monte de soldados. (Ele certamente estava chegando perto da verdade, mas provavelmente ainda pensava que ela estava apenas atrás de uns beijinhos.) Ele estava furioso, e disse à filha que preferia afogá-la em um lago a ter de deixar aquilo acontecer!

Joana percebeu que precisaria mentir para os pais, o que a deve ter incomodado bastante. Apesar disso, ela estava determinada a sair de casa, e não demorou muito até ter a sua chance...

COMEÇA A AVENTURA
(DEPOIS DE UM PAR DE PERCALÇOS)

A mãe de Joana tinha uma prima que vivia a alguns quilômetros de Vaucouleurs. Joana se dava bem com ela, e também com o seu marido, um homem chamado Durand Lassois. No verão de 1428, Joana persuadiu seus pais a deixarem-na passar uma semana com esse casal, a quem ela gostava de chamar de "tia" e "tio".

Tio Durand adorava Joana, e faria qualquer coisa por ela, então foi logo convencido a levar a sobrinha até Baudricourt.

Conseguir que um molenga como o tio Durand a guiasse por alguns quilômetros era uma coisa, mas o capitão Baudricourt era um homem de fala agressiva, um capitão do exército que não tolerava bobagens, e Joana tinha um favor muito maior para pedir a ele. Ela devia estar incrivelmente nervosa quando tio Durand a apresentou ao capitão, mas soube manter a calma e explicou cuidadosamente por que estava ali...

E foi exatamente isso que aconteceu.

De volta à prancheta

O senhor e a senhora Darc devem ter ficado muito preocupados com o comportamento da filha. Sem dúvida eles gostariam de ver um bom jovem de Domrémy casado com ela tão logo fosse possível e, com alguma sorte, mantendo-a sob controle. Na verdade, bem nessa época Joana foi intimada a uma corte local, falsamente acusada de ter prometido juntar os trapos com um jovem de uma vila próxima e depois ter mudado de ideia. (Naquela época, garotas não podiam cancelar noivados, a menos que o homem estivesse de acordo.) Mas Joana, que nunca prometera nada daquele tipo, foi até a corte e falou em sua própria defesa.

Ninguém sabe quem preparou esse plano para casar Joana, mas sabe-se que ele falhou miseravelmente. Ela defendeu-se tão firmemente que as queixas logo foram retiradas. Além disso, todo mundo se deu conta de quão durona Joana podia ser.

Foi por volta daquela época, também, que a família de Joana e alguns dos outros aldeões tiveram que fugir de Domrémy por algumas semanas, pois ela fora atacada por soldados. Eles ficaram numa cidade próxima chamada Neufchâteau, onde Joana e sua amiga Hauviette conseguiram empregos lavando louça em uma pousada.

Mais tarde naquele mesmo ano, enquanto Joana vagava entristecida por Domrémy, perguntando-se como poderia chegar até o delfim, chegaram notícias de que a Inglaterra agora cercava a cidade de Orléans, a fortaleza mais importante dos armanhaques.

Fatos de capa e espada

Cercos

Cidades medievais tinham muralhas protetoras ao seu redor, assim, quando um exército resolvia atacar alguma cidade inimiga, a cercava para tentar cortar o fornecimento de comida e de provisões para que a cidade fosse forçada a se entregar.

DIÁRIO SECRETO DA JOANA (16 anos)

Domrémy, dezembro de 1428

Todo mundo diz que, se Orléans cair, será um completo desastre. E minhas vozes concordam, apesar de elas parecerem achar que eu posso evitar isso.

Noite passada elas disseram: "Vá até o delfim, salve Orléans e, então, leve o delfim à sua coroação".

Ah, Senhor, a lista de coisas que eu devo fazer não para de crescer!

Como vou salvar Orléans? Bem, pelo jeito eu não preciso me preocupar com isso agora. Minhas vozes devem saber o que dizem.

Antes de tudo, eu devo ir até o delfim antes que seja tarde demais. Não posso fazer nada sem ele.

Por sorte, a tia de Joana em Vaucouleurs esperava um bebê no ano novo e, de alguma forma, Joana persuadiu os pais de que seria uma boa ideia mandá-la para ajudar, apesar do que acontecera da última vez. Em janeiro, o tio Durand veio buscá-la de novo. Desta vez, talvez fosse para sempre.

Como ser um pé no saco

Em pouco tempo Joana conseguiu voltar a ver o capitão Baudricourt. Infelizmente, ele não estava num bom dia...

Mas Joana não caiu fora. Ela ficou por lá. Depois que o filho da sua tia nasceu, ela ficou por três semanas com um borracheiro chamado Henrique e sua esposa Catarina.

Dia após dia Joana visitava o castelo onde o capitão morava, e toda vez ela lhe torrava a paciência pedindo para que ele a levasse até o delfim.

Então, em um anoitecer, Joana recebeu a visita de dois dos soldados de Baudricourt, chamados João e Bertrand. Eles tinham visto como o capitão a ignorara completamente e sentiram pena dela. Comparados com Baudricourt, esses homens pareciam legais, e Joana ficou feliz em falar com eles:

Acho que consigo estar com o delfim antes da Páscoa se meter o pé na estrada. Eu preferiria muito mais estar costurando ao lado da minha mãe... mas preciso completar essa missão, porque Deus quer.

Impressionados com as palavras simples de Joana, João e Bert prometeram ajudá-la a tentar persuadir o capitão. Joana começava a atrair as pessoas para a sua causa: até aquele momento, eram principalmente soldados endurecidos, mas logo outros os acompanharam.

Enquanto isso, o pobre Baudricourt estava começando a ter problemas de sono...

Vaucouleurs era um lugar pequeno, e as notícias sobre Joana se espalharam com rapidez. As pessoas gostavam da ideia de a sua cidadezinha estar envolvida no plano de Deus para salvar a França, e todas elas tentavam ajudar Joana da forma que podiam. Até começaram a chamar Joana de "a Donzela" (o que significava algo como "simples e pura jovem solteira"), um apelido que pegou rapidinho.

Outra coisa que pegou rápido em *certos* lugares foi a ideia de que Joana estava aprontando alguma.

Desculpe perguntar, mas você é uma bruxa?

Para garantir, Baudricourt decidiu levar um padre para visitar Joana na casa do borracheiro a fim de descobrir se ela era mesmo uma bruxa ou uma criatura do Diabo ou o que quer que fosse. Infelizmente, o pobre padre não sabia como fazer para reconhecer uma bruxa, e depois de se enrolar um bocado ele apenas disse para Joana que, se ela tivesse parte com o Diabo, devia se afastar dele. Então, para "provar" que não era uma bruxa, Joana simplesmente ajoelhou-se em frente ao padre e pediu sua bênção.

Claro, mesmo que *fosse* uma bruxa ela teria feito exatamente a mesma coisa (a menos que ela fosse uma bruxa muito burra). De qualquer forma, o teste foi suficiente para Baudricourt, e agora ele estava convencido de que ela não era perigosa.

Mas, mesmo assim, ele não fez nada.

Joana cura (de certa forma)

Não havia nada que Joana pudesse fazer a não ser esperar. Ela era incansável, apesar de tudo, e sempre ia rezar na cripta de uma igreja perto das muralhas do castelo de Baudricourt. Lá havia uma estátua da Virgem Maria, e Joana ajoelhava-se diante dela por horas, rezando intensamente.

Não demorou muito, entretanto, até que Joana encontrasse outra coisa com que se ocupar. Um dia ela recebeu um estranho convite:

Da casa gigantesca do duque de Lorena,
Nancy,
Não muito longe.

Fevereiro de 1429

Cara "Donzela",

Sou o duque de Lorena. Você já deve ter ouvido falar de mim, sou muito importante por aqui. De qualquer forma, eu já ouvi histórias sobre você... a "Donzela". (Bom nome, gostei!)

Olha, é o seguinte, eu não ando muito bem. E um passarinho me contou que você se dá excepcionalmente bem com Deus. Então, será que você poderia me curar? Por favor, venha me ver para que possamos conversar a respeito.

Seu novo amigo,

O Duque de Lorena

PS: Eu tenho sacolas de dinheiro, mas provavelmente você não se interessa por isso, sendo tão santa e tudo mais.

Joana estava preocupada com os rumores que se espalhavam sobre ela. Não se importava de ser chamada de Donzela, e até tinha começado a usar o apelido, mas a ideia de que possuía poderes de cura era uma grande estupidez, até onde ela mesma sabia. Porém, o duque era um homem muito poderoso, e Joana não podia simplesmente ignorá-lo (mesmo ele *sendo* um dos borgões). Então ela foi visitá-lo para dizer-lhe que não fazia milagres e que, se queria alcançar a cura, devia viver uma vida melhor e ser mais gentil com a esposa!

Quando Joana retornou a Vaucouleurs, Baudricourt ainda estava indeciso sobre o que deveria fazer. Joana estava tão zangada que foi diretamente até ele e disse...

O capitão não sabia do que ela estava falando. No entanto, uns dias depois chegaram notícias de que o exército francês fora sonoramente derrotado mais uma vez em uma grande batalha não muito longe de Orléans.

O capitão agora tinha certeza de que devia fazer alguma coisa. De qualquer forma, enquanto Joana estava longe, ele havia escrito para o delfim contando-lhe tudo sobre ela, e não demorou até que ele recebesse uma resposta ordenando-lhe a levar a Donzela imediatamente. Baudricourt ficou muito feliz de entregá-la ao delfim e deixar que *ele* ficasse com a responsabilidade de decidir o que fazer com ela.

Quanto a Joana, devia estar contente.

A nova Joana

A corte de Carlos ficava em um lugar chamado Chinon, a mais de 560 quilômetros de distância, e o único jeito de chegar lá era a cavalo. Aquela seria uma jornada muito longa e difícil, a maior parte dela sobre os domínios do inimigo, então João e Bertrand decidiram que Joana precisaria de roupas novas. Seu vestido vermelho, simples e surrado não era muito prático quando se tratava de cruzar sorrateiramente as linhas inimigas e cavalgar por metade da França. Então eles a equiparam com um tipo de jeans (seu equivalente medieval), botas e uma grossa malha de lã. Os longos cabelos de Joana foram cortados curtos como os de um garoto para que ela não chamasse atenção enquanto estivesse cavalgando.

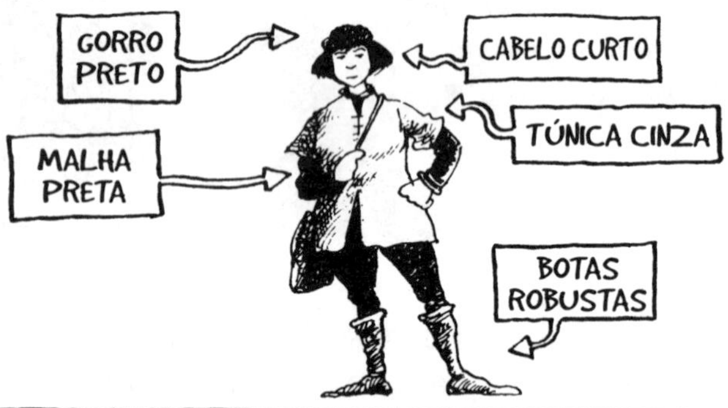

ASSUNTOS MEDIEVAIS

Roupas femininas

Hoje em dia, muitíssimas mulheres usam calças e cabelo curto, mas na Idade Média isso era praticamente desconhecido. O lugar de uma mulher era em casa, geralmente na cozinha. Elas não deviam sair por aí cavalgando e muito menos lutando em batalhas. Então, as pessoas achavam que não havia necessidade de elas se vestirem como os homens. Se elas o fizessem, era algo *muito* suspeito.

Eventualmente, o visual masculino de Joana lhe causaria todo tipo de problema, mas naquele momento parecia uma boa ideia. Ela passaria pelo interior com muito mais facilidade se as pessoas achassem que ela era apenas mais um soldado.

DIÁRIO SECRETO DA JOANA (17 anos)

Vaucouleurs, fevereiro de 1429

Bem, amanhã eu finalmente seguirei o meu caminho. Que alívio, depois de tanto tempo.

Hoje eu ditei uma carta para ser mandada aos meus pais. Falei que os amo muito e disse como estou chateada por tê-los enganado e por ter fugido. Expliquei a eles que não tive outra escolha a não ser obedecer a Deus. Eu só espero que eles compreendam.

Assim como lhes contei para onde vou, eu disse-lhes para não se preocuparem comigo, já que agora sou uma garota crescida e posso cuidar de mim mesma. (Hummm, não tenho tanta certeza de que eles vão concordar!)

MEU NOVO CORTE DE CABELO.

A jornada de Joana

Em sua arriscada jornada, Joana seria escoltada por seis homens: seus novos amigos João e Bertrand, dois dos criados deles, um guarda mandado pelo próprio delfim e mais um soldado. O capitão Baudricourt ficaria em Vaucouleurs, e ele deve ter ficado muito contente em se livrar de Joana.

Ainda assim, desejava tudo de bom para a garota. "Vá, e seja o que Deus quiser", disse a ela.

Com Joana à frente, o pequeno destacamento deixou Vaucouleurs numa tarde chuvosa de domingo em fevereiro de 1429. Uma pequena multidão lhes deu adeus, incluindo Henrique, Catarina e tio Durand.

O plano era viajar principalmente à noite e esconder-se na floresta durante o dia, quando eles tentariam dormir um pouco. Havia tropas inimigas em todo lugar, e pouquíssimas boas estradas. Os rios estavam cheios e muitas das pontes foram danificadas ou destruídas por causa da guerra, então eles estavam destinados a se molhar. E ainda era inverno e fazia muito, muito frio.

Enquanto os homens do destacamento discutiam os perigos à frente, Joana permanecia calma e confiante.

O caminho estende-se livre à minha frente. Se encontrar perigos, tenho Deus, que deixa a estrada tranquila... Não tema, estou fazendo o que me foi ordenado... Nasci para fazer isso.

Durante a jornada, que levou onze dias, Joana viu com seus próprios olhos como muitas fazendas e aldeias foram arrasadas por completo pelos ingleses. Ela nunca tinha se afastado muito de Domrémy até então, e provavelmente não percebera quanto prejuízo havia sido causado pelo inimigo. Aquilo deve tê-la deixado ainda mais determinada a chegar até o delfim e ajudá-lo a libertar a França dos ingleses.

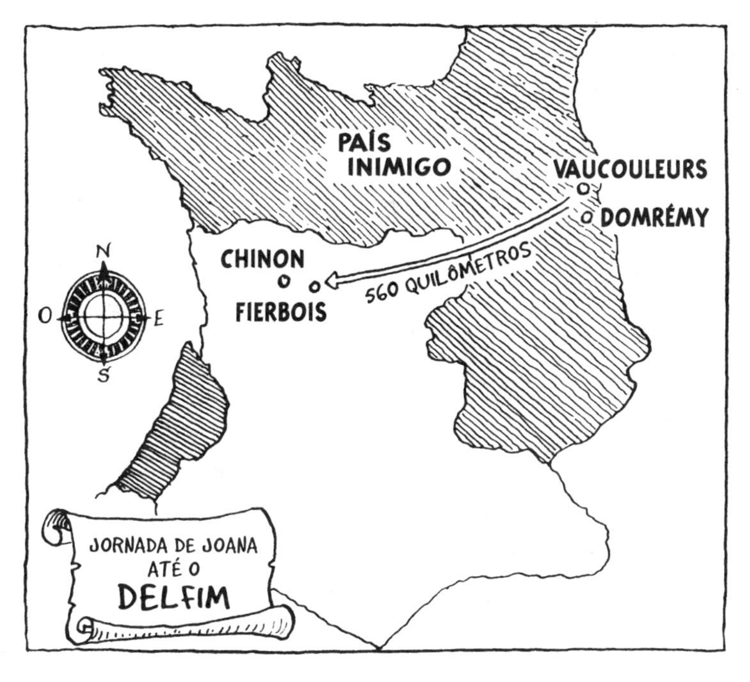

João, Bertrand e os outros estavam impressionados com Joana. Para falar a verdade, eles nunca tiveram certeza de que ela aguentaria tão difícil jornada (por ser uma garota e coisa e tal). Eles nem tinham certeza de que ela seria capaz de cavalgar direito por longas distâncias. Mas Joana acabou se mostrando uma amazona nata, e logo comprovou o quão durona realmente era.

Toda vez que passavam por uma igreja, Joana implorava aos outros que parassem para ela rezar e, se possível, tomar a comunhão. Mas eles estavam em território inimigo, e João e Bertrand tinham medo de que Joana fosse vista — notícias sobre a Donzela se espalharam rápido —, então eles só pararam duas vezes.

Na igreja de Santa Catarina, em Fierbois, Joana recuperou o tempo perdido e tomou a comunhão três vezes no mesmo dia! (Talvez porque a igreja era dedicada a uma santa que, por acaso, era uma das vozes que falava a Joana.) De Fierbois, ela mandou uma carta ao delfim...

3 de março de 1429

Caro Delfim, Sua Grande Alteza Real,

Percorri uma distância absurda para vê-lo, e estou quase lá. Sei que as coisas parecem um pouco complicadas no momento, mas não se preocupe. Tudo vai ficar bem, você vai ver.

Deus o abençoe.
Sua amiga e ajudante,
A Donzela.

PS: Vejo você em breve!

Diferentemente de Joana, ninguém em Chinon levava o delfim muito a sério. Ele andava com os nobres armanhaques, que diziam apoiá-lo, é claro, mas alguns deles lhe enchiam o saco e vários riam dele pelas costas. O pobre Carlos era um jovem estranho e feio, com problemas para se defender, e poucos nobres realmente acreditavam que ele seria rei.

Na teoria, Carlos devia ser o homem mais poderoso da França, mas ele não era muito convincente. Tinha medo da própria sombra e geralmente usava veludo acolchoado e peles dos pés à cabeça porque morria de medo de pegar um resfriado! Ele também era muito supersticioso, e vivia pedindo a astrólogos para lerem o seu horóscopo.

Ele nem tinha tanto dinheiro assim, e sempre precisava pedir emprestado para os seus nobres, o que só o fazia parecer ainda mais fraco.

Apesar de estar desesperadamente infeliz com o terrível aperto em que seu país se encontrava, Carlos não sabia o que fazer a respeito. Ele gostava de se chamar de "rei da França" vez ou outra (quando estava se sentindo corajoso e importante), mas mesmo assim não ousava ser coroado de verdade. (O "rei da França" inglês, Henrique VI, ainda era novo demais para ser oficialmente coroado, então Carlos tinha a chance de chegar lá antes.) Às vezes Carlos mandava seu exército para lutar com os ingleses aqui e ali, mas eles nunca se saíam muito bem. Na maior parte do tempo, Carlos apenas vagava por Chinon, ficando mais e mais deprimido.

No fim das contas, não é de espantar que Carlos tenha se animado ao saber, pelo capitão Baudricourt, que uma jovem dizia ter sido mandada por Deus para ajudá-lo. Carlos precisava de um amigo (*qualquer* tipo de amigo) mais do que tudo, sabia que nunca seria rei se dependesse só dele, então não podia desperdiçar ajuda. Mas deve ter ficado nervoso, pois parte dele estava satisfeita com a vida tranquila que levava, mesmo que isso significasse ser um belo de um perdedor.

Entre os seus nobres, as opiniões eram divididas. A maioria provavelmente não acreditava que Joana tinha sido mandada por *Deus*. Eles apenas presumiram que ela fosse um pouco lelé da cuca, o que renderia a todos umas boas risadas. Ainda assim, alguns achavam que essa garota *podia* ajudar, mesmo que ela fosse uma impostora. O importante era Carlos acreditar nela. Afinal, o que havia a perder? Outros, entretanto, ficaram tão acostumados com a sua vida confortável em Chinon — com mais nada a fazer a não ser mandar em Carlos — que não queriam ser incomodados. Alguns desses tentaram se aproveitar do caráter supersticioso de Carlos e assustá-lo dizendo que não devia se encontrar com Joana, pois ela poderia ser uma bruxa.

No fim, Carlos superou os seus medos e decidiu que *receberia* Joana em seu castelo. (Na verdade, foi provavelmente a sogra quem finalmente o persuadiu!)

Para falar a verdade, quase todo mundo na corte estava curioso sobre Joana, essa famigerada garota do interior, e Chinon devia estar zunindo de empolgação com a possibilidade da sua chegada.

Que entre a Donzela

A própria Joana devia estar muito nervosa assim que começou a longa subida até o assustador castelo de Carlos. Os nobres que andavam com Carlos eram muito opulentos, ainda mais opulentos que o duque de Lorena, e eles gostavam de vestir-se com a última moda.

ASSUNTOS MEDIEVAIS

Moda na corte

Sapatos pontudos para os homens e chapéus em forma de cone para as senhoras eram especialmente populares.

Os sapatos ficaram tão pontudos que, num dado momento, foram aprovadas leis restringindo o seu comprimento!

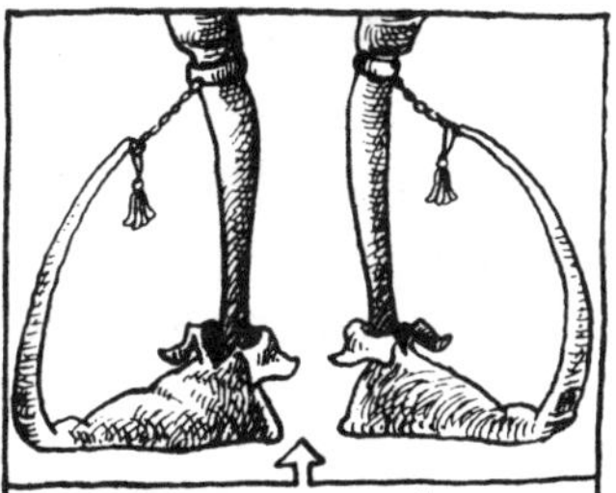

ALGUNS SAPATOS ATÉ TINHAM CORRENTES PARA SEGURAR AS PONTAS PARA CIMA.

E, quando a mãe de Carlos, Isabel, mudou-se para um novo castelo, ela teve que mandar aumentar todas as portas para que conseguisse entrar com seu chapéu!

Mas Joana não se assustava facilmente, e manteve a calma mesmo quando estava sendo conduzida para o Salão Principal, onde o rei e os seus nobres estavam reunidos.

Ninguém respirava no momento em que as portas finalmente se abriram e Joana pisou no Salão Principal. Era possível detectar uma agulha caindo no chão enquanto Joana se via rodeada de uma multidão de nobres pasmos, rindo discretamente.

Segundo conta-se, foi Carlos quem teve um repentino ataque de pânico — ele decidiu se esconder! Pouco antes de Joana entrar, ele saltou do trono e ordenou que um criado sentasse em seu lugar enquanto ele se misturava aos nobres.

Mas acontece que Joana não foi enganada. Ela olhou em volta por um instante e então passou direto pelo homem que estava sentado no trono de Carlos, abriu caminho em meio à sala lotada e aproximou-se de Carlos, que estava tremendo de medo em um canto.

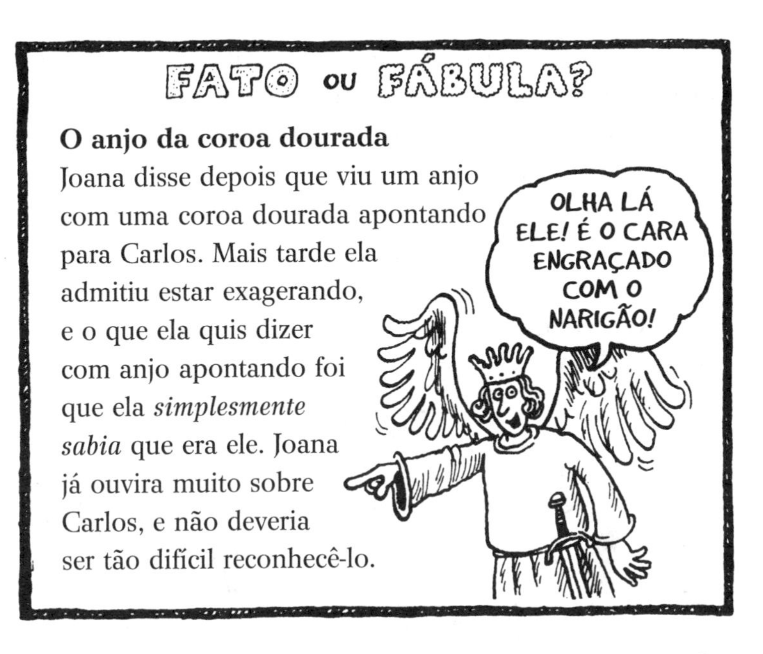

O anjo da coroa dourada
Joana disse depois que viu um anjo com uma coroa dourada apontando para Carlos. Mais tarde ela admitiu estar exagerando, e o que ela quis dizer com anjo apontando foi que ela *simplesmente sabia* que era ele. Joana já ouvira muito sobre Carlos, e não deveria ser tão difícil reconhecê-lo.

De qualquer forma, Carlos ficou muito impressionado com essa garota confiante e corajosa. Ele levou-a até a sua capela privada e eles rezaram juntos. Ninguém sabe o que Joana disse a Carlos na capela — ela nunca contou a ninguém — mas, o que quer que tenha sido, surtiu o efeito de um furacão. Quando eles saíram, Carlos estava luminoso, e todo mundo disse que ele parecia mais alto. Talvez ela tenha lhe contado sobre as suas vozes e o que elas haviam dito. Seja o que for, ela pareceu ter transferido sua enorme fé a ele, que ficou muito animado.

Sinta-se em casa

Imediatamente Carlos ordenou aos criados que preparassem uma das torres do castelo para Joana e cedeu-lhe seu próprio criado pessoal — um garoto de doze anos chamado Luís — para ajudá-la com sua nova vida na corte.

Todo dia Joana falava com Carlos e lhe contava o que suas vozes a estavam convocando a fazer, como por exemplo reunir um exército e ir salvar Orléans. Elas disseram mais: Joana deveria então seguir com Carlos até a cidade de Reims, onde ele seria coroado rei da França. (Todos os reis franceses eram coroados em Reims naquela época.) Joana sabia como era importante Carlos se mostrar um rei maduro, vencedor, e que fosse devidamente coroado para todo mundo ver.

Infelizmente, Carlos logo começou a ter lá suas dúvidas...

Diário Secreto do Carlos

Chinon, março de 1429

Não sei, não. Toda essa conversa de luta é um pouco demais para mim. Joana parece uma garota muito legal, mas ela tem umas ideias estranhas, devo dizer.

Meus nobres me dizem que Orléans já está perdida e que não há por que tentar salvá-la. E todo mundo sabe que Reims fica bem no meio do território inimigo. Eu não gosto da ideia de ir até lá!

Além disso, imagine como vai estar úmido e frio fora do meu aconchegante castelo. Eu provavelmente vou pegar um resfriado horroroso.

Acho que vou continuar aqui mesmo por enquanto. Quero dizer, quem quer ser rei, afinal de contas? É trabalhoso demais. Eu prefiro muito mais tomar um banho quentinho e ir pra cama cedo, muito obrigado.

Joana ficou muito frustrada. Ela sempre amaria e respeitaria o seu "gentil delfim" (como ela gostava de chamá-lo) por quem ele era — o futuro rei da França. Mas de vez em quando ela devia ficar um tanto impaciente com ele por ser tão medroso.

Diário Secreto do Carlos

Chinon, março de 1429

Hummm, ando pensando. Será que Joana é realmente uma mensageira de Deus? No início eu acreditava nela, mas agora não tenho tanta certeza.

Ultimamente ando escutando muito mais risinhos que o normal pelos corredores do meu castelo. Acho que os meus nobres

Então você não é mesmo uma bruxa?

No final, Carlos decidiu repetir o teste que o capitão Baudricourt fizera com Joana e mandar alguns experts religiosos dar uma olhada nela. (Assim ele não precisava tomar qualquer decisão sozinho.) Ele a mandou até Poitiers, a cerca de trinta quilômetros dali, onde havia um conselho de sábios sacerdotes e teólogos prontos a fazer-lhe algumas perguntas.

OLHA, EU NÃO SOU MÁGICA NEM FAÇO MILAGRES, MAS SE VOCÊ QUER UM SINAL ME DÊ UM EXÉRCITO PARA IR ATÉ ORLÉANS. É A VONTADE DE DEUS QUE EU SALVE ORLÉANS.

DIÁRIO SECRETO DA JOANA

Poitiers, março de 1429

Que dia! Ter que escutar aqueles velhos idiotas falando disso e daquilo... E todos sérios, dizendo representar "a Igreja" como se fossem o próprio Deus. Honestamente, eu amo ir à igreja, qualquer igreja, mas não sou assim tão fã "da Igreja".

Todos aqueles sacerdotes tããão importantes — todos se achando "os" caras — com suas roupas metidas a besta e argumentos decorados e espertinhos...

Bem, eu respondi a todas as perguntas estúpidas e agora é com eles. Eu me pergunto o que eles vão falar ao Carlos.

ASSUNTOS MEDIEVAIS

Bispos, sacerdotes e a Igreja

Não havia católicos e protestantes naquela época, apenas uma única Igreja. No entanto, bispos e outros sacerdotes costumavam adotar posições divergentes nas guerras. Os sacerdotes de Poitiers apoiavam os armanhaques, mas havia muitos outros que apoiavam o outro lado. (Os ingleses e os borgões ofereceram a eles rios de dinheiro e poder para mantê-los leais.) Mas *todos eles* diziam representar a Igreja.

Os sacerdotes de Poitiers não gostaram do jeito mandão de Joana, e não eram muito fãs das suas roupas de homem. Eles também ficaram um pouco incomodados com a ideia de que Deus falava com ela em particular. Normalmente, quando Deus falava com os homens (ou mulheres) era através dos ensinamentos da Igreja. Pelo menos os sacerdotes pensavam dessa maneira, pois assim sentiam-se importantes. E essa garota agora queria dizer que conversava com Deus quando quisesse!

Mas apesar de tudo isso, eles decidiram que ela definitivamente não era uma bruxa e, como acontecia com a maioria das pessoas que encontravam com Joana, eles também ficaram um pouco impressionados. No fim, depois de muita discussão, eles relutantemente deram-lhe a sua aprovação e disseram a Carlos que ela era confiável. Naquele tempo, Joana parecia ser capaz de convencer *qualquer um* de que ela estava falando sério.

Estabelecendo-se

Enquanto Joana estava em Poitiers, Carlos mudou sua corte para uma cidade chamada Tours. (Talvez ele estivesse torcendo para que ela não o encontrasse!) Mas ela o encontrou e logo começou a acostumar-se com a vida na corte.

Alguns dos nobres de Carlos ainda não confiavam nela, e não costumavam ser gentis, mas muitas das mulheres aristocratas gostavam, sim. E por lá Joana tinha um criado muito fiel chamado Luís, e seus velhos amigos, os soldados João e Bertrand.

Na verdade, em pouco tempo Joana tinha toda uma turma a seguindo e ajudando. Ela ganhou outro criado chamado João, um treinador de armas particular, e o seu próprio padre para que pudesse tomar a comunhão sempre que quisesse! Joana deve ter se sentido muito estranha tendo todas essas pessoas sempre aos seus pés. Nunca foi assim em Domrémy!

E as novidades de Joana se espalhavam como fogo. Poucas semanas depois de chegar à corte do delfim, Joana, a Donzela, se tornou uma lenda em toda a França, e, enquanto andava pela cidade de Tours, várias pessoas traziam suas crianças para que ela as beijasse e abençoasse. Joana logo se acostumou a ser tratada como uma celebridade.

O EXÉRCITO DE JOANA

Joana também fez um novo amigo na corte, um encantador jovem cavaleiro chamado duque d'Alençon.

D'Alençon acabara de voltar de cinco anos como prisioneiro na Inglaterra, mas, agora que sua família pagara o resgate, ele estava entusiasmado para voltar à luta.

Fatos de capa e espada

Resgates

Nas guerras medievais, os prisioneiros costumavam ser devolvidos em troca do pagamento de um resgate. Quanto mais importante você fosse, maior o preço da sua cabeça. (Quanto menos importante você fosse, maiores as chances de os seus inimigos o matarem em vez de se incomodarem mantendo você na prisão!)

D'Alençon acreditou em Joana desde o momento em que a conheceu, e, por ser muito atraente, Joana sempre lhe chamava de "meu belo duque".

Foi d'Alençon quem ensinou Joana a lutar. Todo anoitecer, depois do jantar, eles iam até os campos praticar cavalgadas e o uso da lança. Para uma iniciante, Joana era espantosamente boa com a lança, e d'Alençon ficou tão impressionado que lhe deu um presente especial: um cavalo de guerra digno de um cavaleiro. Esses animais eram muito caros, pois passavam por um treinamento especial, e Joana ficou orgulhosa demais do dela.

Vestida e calçada

Joana também ganhou uma armadura feita especialmente para ela pelo fabricante do próprio delfim. Ele ainda arrumou um peitoril blindado bem bonitão para ela e outras peças para o seu cavalo. Joana estava sendo realmente bem equipada para a guerra. Agora que não estava mais vestida como um mero garoto, era uma verdadeira amazona em armadura.

Cavaleiros medievais carregavam um monte de bandeiras coloridas e outras parafernálias para ser reconhecidos durante as batalhas. A maioria dos cavaleiros carregava as cores do brasão de sua família, mas como a família de Joana nunca teve cavaleiros e muito menos um brasão, ela teve que escolher o seu. As vozes lhe disseram o que defender:

Por fim, Joana precisava de uma espada, e mais uma vez as suas vozes a ajudaram dizendo-lhe onde encontrar uma. Joana mandou um mensageiro procurar atrás do altar de uma igreja em Fierbois. O mensageiro fez com que o padre da igreja cavasse atrás do altar e — acredite — eles acharam uma espada!

FATO OU FÁBULA?

A espada de Joana

Joana havia parado para rezar para santa Catarina na igreja em Fierbois em sua longa jornada até Chinon. Será que encontrou ou enterrou a espada nessa ocasião? Talvez.

As novas regras de Joana

Joana tornava-se cada vez mais popular com os soldados rasos do exército francês, que também se preparavam para a guerra. O humor do grupo havia mudado desde a chegada da Donzela, estavam muito mais motivados, disciplinados e organizados do que antes. Soldados medievais eram um bando grosseiro, e à primeira vista Joana deve ter ficado chocada com o comportamento deles. Mas ela soube falar grosso e até conseguiu que vários deles parassem de dizer palavrões!

DIÁRIO SECRETO DA JOANA

Abril de 1429

Está tudo indo muito bem. Alguns dos homens até começaram a frequentar a igreja! E todos eles começaram a beber muito menos e a passar menos tempo atrás de mulheres. Eu lhes falei que deviam pensar neles mesmos como soldados de Deus, que deviam se comportar o melhor possível em todas as ocasiões. Um deles me disse que mal podia esperar para lutar "por Deus e pela Donzela". Esse é o espírito!

Mas há um capitão velho e grosseiro, apelidado La Hire. Que temperamento! Ele nunca para de xingar e tem problemas em seguir as minhas novas regras.

@$@!

PERNA AVARIADA EM UM ACIDENTE — APOSTO QUE ISSO AJUDA NA QUANTIDADE DE PALAVRÃO!

GOSTA DE USAR UMA FARDA AMARELO-BRILHANTE COM SINOS PENDURADOS — SÓ SE FOR PRA AVISAR OS OUTROS QUE ELE ESTÁ CHEGANDO!

O capitão La Hire — cujo apelido significava "raiva" — era um homem violento, famoso no exército pelo palavreado criativo e o mau temperamento. Mas, em Joana, ele encontrou uma adversária do mesmo nível.

Apesar de tudo, havia algo em La Hire de que Joana gostava, e ele também gostava dela. Mas não conseguia parar com os palavrões, e Joana teve que concordar em deixá-lo xingar sempre que a necessidade surgisse. E, quando ela pediu que ele rezasse com ela, ouviu o seguinte: "Deus, por

favor, faça a La Hire o que você gostaria que La Hire fizesse por você se você fosse La Hire e La Hire fosse Deus".

Joana tinha mais respeito dos soldados rasos do que dos capitães. Alguns dos cavaleiros a apoiavam, como d'Alençon e La Hire. Mas os outros se ressentiam por ter de receber ordens dela. Eles se perguntavam por que deviam ouvir uma camponesa, adolescente, com uma ideia fixa, falando sobre Deus. Mas mesmo eles precisavam admitir que ela tinha um efeito impressionante em seus homens, e gradualmente começaram a acreditar que era possível aguentar Joana se isso significava ir para a guerra com alguma chance de vencer.

Carlos ainda estava hesitante, é claro, com medo de mandar seu recém-animado exército lutar no que parecia uma causa perdida em Orléans. Mas, agora, quase ninguém concordava com o soberano, e ele nunca foi muito bom em impor suas vontades. Não demorou muito para que o exército de Joana estivesse marchando.

A DONZELA EM ORLÉANS

A apenas noventa quilômetros de Paris e próxima do grande rio Loire, que cruzava exatamente o centro do país, a grande cidade de Orléans era de vital importância militar. Aquele que controlasse Orléans, controlava o coração da França.

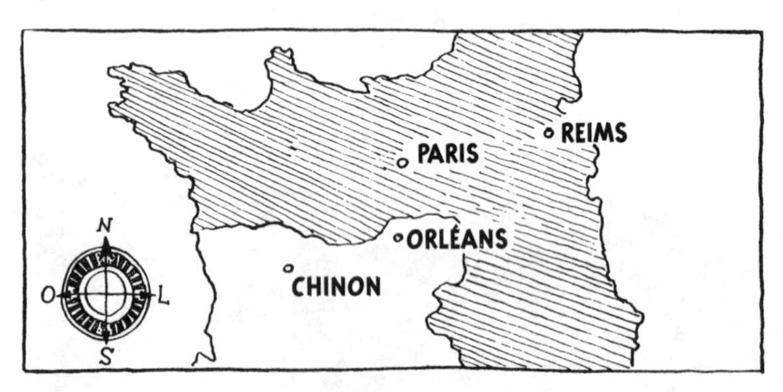

Os ingleses cercavam Orléans havia meses, mas ainda não a tinham capturado. Eles construíram um anel de fortalezas de madeira ao redor da cidade, mas ainda não tinham conseguido construir o suficiente para fechá-la toda. Os franceses podiam contrabandear comida e mantimentos pelos buracos nas linhas inglesas.

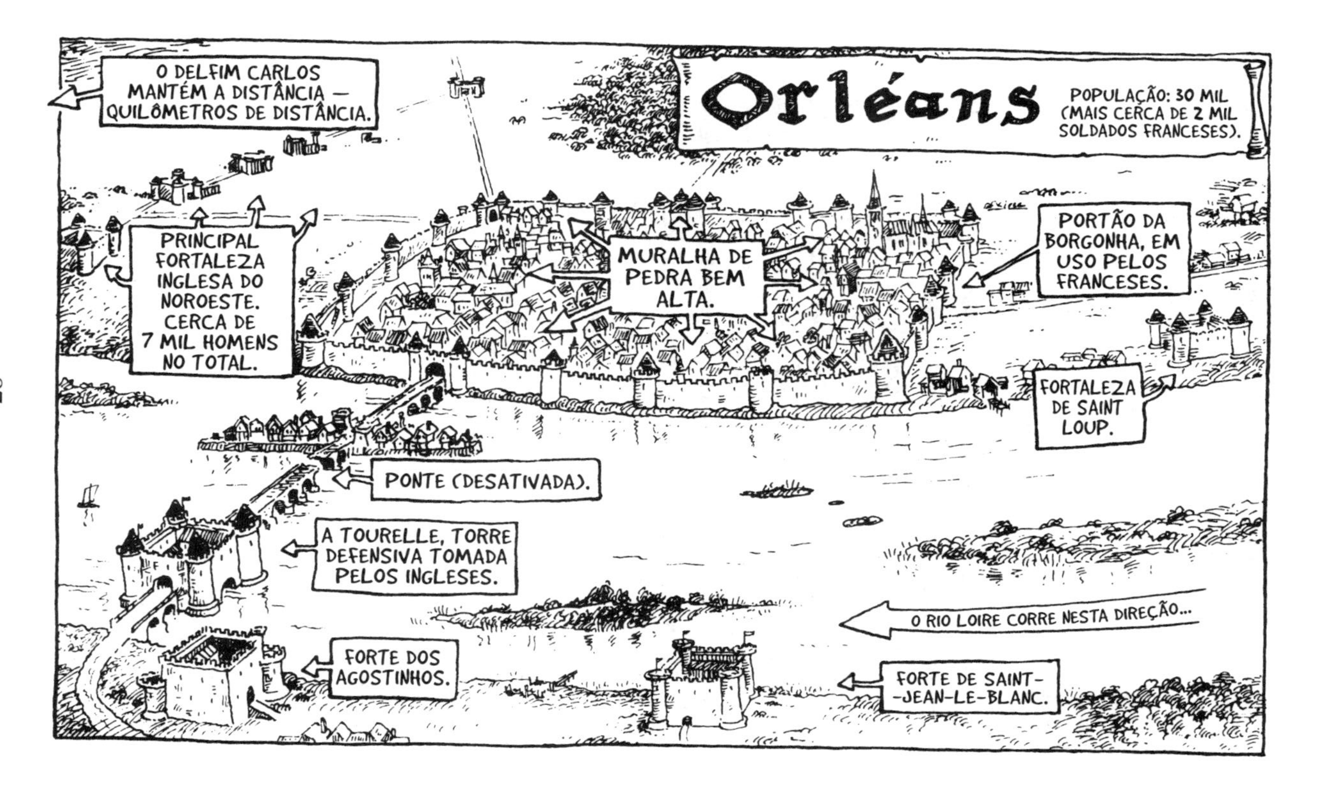
O DELFIM CARLOS MANTÉM A DISTÂNCIA — QUILÔMETROS DE DISTÂNCIA.
Orléans
POPULAÇÃO: 30 MIL (MAIS CERCA DE 2 MIL SOLDADOS FRANCESES).
PRINCIPAL FORTALEZA INGLESA DO NOROESTE. CERCA DE 7 MIL HOMENS NO TOTAL.
MURALHA DE PEDRA BEM ALTA.
PORTÃO DA BORGONHA, EM USO PELOS FRANCESES.
FORTALEZA DE SAINT LOUP.
PONTE (DESATIVADA).
A TOURELLE, TORRE DEFENSIVA TOMADA PELOS INGLESES.
O RIO LOIRE CORRE NESTA DIREÇÃO...
FORTE DOS AGOSTINHOS.
FORTE DE SAINT-JEAN-LE-BLANC.

No comando do exército inglês responsável pelo cerco estava o conde de Suffolk. Imagine a cara dele quando recebeu esta carta que Joana tinha ditado em Poitiers:

Poitiers, 22 de março de 1429

Para Suffolk e os outros líderes ingleses,

A Donzela (ou seja, eu) foi mandada por Deus para ajudar o rei da França a ser rei. Ela está disposta a viver em paz com vocês, contanto que desistam de dominar a minha pátria, voltem para casa e paguem pelo estrago que fizeram. Então, por favor, retornem ao seu pequeno país horrível, entreguem Orléans à Donzela, assim como todas as outras cidades que vocês tomaram, e deixem-nos em paz. Se não, eu e meu exército iremos causar uma confusão tão grande que vocês vão demorar a esquecer. Entenderam?

Sinceramente,

A Donzela (17 anos)

Suffolk, que não tinha o hábito de receber cartas esnobes de adolescentes francesas, ficou extremamente irritado. Os ingleses tomavam conta da França havia anos, e agora uma garotinha enxerida atrevia-se a desafiá-los? Quem ela pensava que era?

Infelizmente, Suffolk descontou a raiva no pobre mensageiro que lhe levou a carta! Ele pôs o garoto na prisão e ameaçou queimá-lo vivo. Isso era contra todas as regras da guerra. Você não pode pôr mensageiros — ou arautos, como eles eram chamados — na prisão, muito menos matá-

-los. (Se arautos não fossem livres para transitar em segurança entre os dois lados em uma guerra, como os inimigos poderiam entrar em contato para dizer "Trégua!" ou "Vá para o inferno!" ou qualquer outra coisa?)

De quem é esse exército, afinal de contas?

Enquanto isso, Joana não estava prestando muita atenção à rota que o seu exército tomava na sua jornada para Orléans. Ela deixou a navegação para d'Alençon e os outros capitães do exército. Mas eventualmente percebeu que eles estavam na margem sul do Loire. Chegando por esse lado, não dava para atacar as principais fortalezas dos ingleses, que ficavam na margem norte, como Joana tinha em mente. Ela percebeu que, na verdade, os outros capitães franceses não planejavam atacar os ingleses imediatamente, e eles nem falaram a ela dessa mudança de planos. Ela ficou irritadíssima, claro.

DIÁRIO SECRETO DA JOANA

Cercanias de Orléans, abril de 1429

E eu que pensava estar no comando! Agora vejo a verdade. Este não é realmente o meu exército. Sou só um tipo de mascote, levado no passeio para dar sorte. Ninguém está realmente disposto a pôr o exército em minhas mãos.

Com Joana ainda em polvorosa, os franceses eventualmente alcançaram a cidade cercada. Eles beiraram as fortalezas inglesas na margem sul e encontraram, rio acima, o homem no comando de Orléans. Ele era Dunois, o filho de Luís, duque de Orléans (aquele que foi assassinado por João, o Destemido, em 1407).

Dunois foi quem ordenou ao exército que chegasse pelo lado sul do rio. Seu plano era usar barcas para passar gado e suprimentos frescos pelo rio. Mas, infelizmente, por causa de um vento forte, as barcas vazias estavam encalhadas do outro lado.

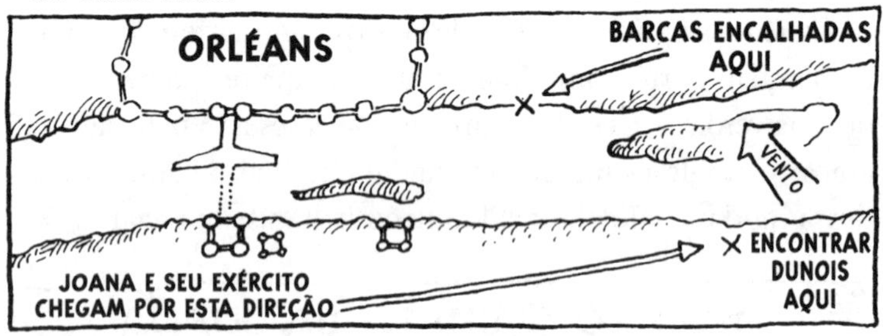

Dunois era um duque importante — mais importante do que qualquer pessoa que Joana conhecera antes (a não ser o delfim). Mas isso não a impediu de dizer-lhe poucas e boas!

FATO ou FÁBULA?

Os ventos da mudança

Anos depois, Dunois disse que, enquanto falava com Joana, os ventos gradualmente mudaram de direção, permitindo que eles trouxessem as barcas e as carregassem como o planejado.

A partir daquele momento, disse, ele acreditou em Joana.

É bem possível que os ventos tenham mesmo mudado enquanto os franceses discutiam os seus planos, e talvez Dunois tenha pensado que foi algum tipo de milagre. Mas dizer que Joana "miraculosamente" mudou os ventos de direção pode ter sido uma forma esperta de fazê-la concordar com os planos *dele*.

Assim que os suprimentos foram atravessados, Dunois mandou uma grande parte do exército de volta ao delfim para pegar *ainda mais* comida e armas.

Mais uma vez, Joana ficou zangada. Achava que ela é quem deveria estar dando ordens, e não podia suportar a ideia de ficar esperando. No que lhe dizia respeito, era hora de dar aos ingleses a surra que eles mereciam, e quanto mais cedo melhor.

Porém, ela estava cansada demais para discutir. (Passar o dia todo zangada pode ser muito desgastante.) Ela descansou até o escurecer, e então cruzou o Loire com Dunois e cerca de duzentos soldados e entrou em Orléans. Era dia 29 de abril.

Três vivas para Joana!

Quando entrou na cidade, Joana se animou. As ruas estavam iluminadas por tochas e havia gente por todo lado, gritando e cantando o seu nome! Ela foi levantada e carregada nas ruas pela multidão. Todo mundo queria vê-la, e todos levaram suas crianças para ela abençoar. O povo de Orléans sabia tudo sobre a Donzela e, diferentemente dos capitães do exército, confiava nela completamente — para eles, ela era a grande salvadora, enviada por Deus.

FATO ou FÁBULA?

A bandeira em chamas

A bandeira de Joana foi acidentalmente incendiada por uma tocha. Alguns dizem que Joana a apagou com as próprias mãos, sem hesitar. Um milagre?

Joana era muito apegada à sua nova bandeira e talvez tenha mesmo queimado as mãos para salvá-la. Ou talvez as luvas a tenham protegido.

O povo de Orléans enfrentaria um terrível destino se os ingleses tomassem sua cidade. Eles queriam acreditar que Joana tinha poderes miraculosos que poderiam salvá-los — e provavelmente agarrariam qualquer oportunidade de "ver" Joana fazendo coisas miraculosas.

Naquela noite, Joana e seus pajens ficaram com uma família local (que devia estar exultante por ter tão nobre hóspede). Joana tirou sua pesada armadura, tomou a comunhão e teve um pequeno jantar. Então ela, enfim, dormiu.

Uma mensagem pontiaguda

Na manhã seguinte, Joana levantou cedo para dar uma olhada na cidade enquanto ainda estava tudo quieto.

DIÁRIO SECRETO DA JOANA

Orléans, sábado, 30 de abril de 1429

Que lugar simpático. Eu não vou mesmo deixar os ingleses porem suas patas sujas aqui.

Preparei outra mensagem para eles...

Caro inimigo inglês,
devolva-me meu arauto e caia fora.

Sinceramente,

A Donzela

O problema é que não posso mandar outro arauto, porque eles vão prendê-lo também. Preciso pensar em um jeito melhor de mandar minha mensagem.

Mais tarde...

Prendi minha mensagem a uma flecha e atirei-a até eles! Simples. Mas os ingleses apenas riram. Um deles gritou: "Volte para o seu maldito curral, sua vaqueira imbecil, ou vamos queimá-la viva".

Eu gritei de volta que ele morreria e iria para o inferno mais cedo do que esperava. E então desatei a chorar.

Quem foi o idiota que disse "Varas e pedras meus ossos quebrarão, mas nomes nunca me machucarão"? Eles merecem um soco na fuça! Bem. Dunois disse que os ingleses estão apenas tentando me irritar.

Primeiro derramamento de sangue

Alguns dias depois, o resto do exército chegou com mais suprimentos. Mais soldados foram chegando das cidades próximas, pois o delfim ordenara que todo lutador capaz de caminhar deveria se dirigir a Orléans.

Joana estava animada, e não demorou em ver um pouco de ação...

DIÁRIO SECRETO DA JOANA

Orléans, 4 de maio de 1429

Eu estava tirando um cochilo no meu quarto quando fui acordada pelo barulho de luta. Depois de tanto esperar, a batalha finalmente começara sem mim!

O mais rápido que pude, peguei minha armadura, pulei no meu cavalo e fui direto para a batalha. (Tive que mandar meu pajem Luís voltar para pegar meu estandarte, que ele me entregou pela janela. Quase esqueci!)

Quando chegamos lá fora, a situação era caótica. Homens corriam por todo lado. Eu rumei para o forte de Saint Loup, onde a batalha acontecia, e finquei meu estandarte no chão. Mas, assim que cheguei, os ingleses se entregaram.

Depois da sua animação inicial, Joana chorou ao pensar nos homens que foram mortos durante a batalha. Pela primeira vez ela via a guerra de perto, e percebia agora que o negócio era sangrento pra chuchu. Naquele dia, foi confessar-se com seu padre e ordenou a todos os homens que fizessem o mesmo.

Parece que as pessoas de Orléans ficaram tão entusiasmadas que resolveram atacar o forte inglês por conta própria. Os capitães, assim como Joana, não sabiam de nada até ouvirem o barulho todo.

Táticas e tensões

O dia seguinte era o Dia da Ascensão. Joana anunciou que não haveria luta em um dia sagrado, e todos os capitães concordaram. De todo jeito, eles não queriam lutar, pois *ainda* achavam que não estavam prontos, mas ficaram quietos e deixaram Joana pensar que estava no comando. No entanto, os capitães fizeram um grande encontro do Conselho de Guerra, sem que Joana soubesse, para discutir táticas de confronto. Joana, por seu lado, mandou outra mensagem aos ingleses, dizendo que perdia tempo escrevendo para eles pela última vez, e aproveitou para perguntar o que tinham feito com seu arauto.

Naquele momento, o exército já estava ficando impaciente, e os capitães sabiam que era melhor deixar os soldados partir para a luta enquanto tinham vontade. Então, no dia seguinte *houve* uma grande luta em Orléans, e Joana fez questão de estar no centro do furacão...

Graças à ousada liderança da Donzela, o exército francês deu hoje mais um passo vital para salvar nossa adorável cidade.

Esta tarde, nossos bravos garotos (e nossa extrabrava garota) irromperam por uma ponte provisória e atacaram o forte de Saint-Jean-Le-Blanc, ao sul do rio. Testemunhas afirmam que a própria Donzela foi um dos primeiros a chegar ao outro lado. Ela plantou o estandarte imediatamente e urrou um desafio ao inimigo.

Neste momento, os ingleses irromperam ao ataque. Nossos poucos jovens que já haviam chegado ao outro lado brigaram com unhas e dentes enquanto o resto ainda estava na ponte.

A Donzela gritava palavras de encorajamento por todos os lados, enquanto nossos homens cruzavam até o território do inimigo para garantir a vitória.

O *Babado* diz: Foi rapidinho, mas quem se importa! Nós ganhamos! Viva!

O povo de Orléans foi à loucura, é claro, mas a batalha poderia muito bem ter sido um completo desastre. Joana foi corajosa ao resolver atacar enquanto a maior parte do exército francês ainda estava presa na ilha, mas não foi muito prudente.

Os capitães franceses não sabiam o que achar. Não fosse por Joana, eles provavelmente não teriam vitória nenhuma para celebrar. Mas viram Joana, com sua teimosia, pôr o exército em terrível perigo e quase transformar toda a operação em um fiasco. Será que deveriam confiar nela?

Os capitães disseram a Joana que tinham certeza de que haviam ganhado "pela graça de Deus", e ela ficou realmente satisfeita. Mas essa pode ter sido apenas uma forma educada de dizer que eles tinham era sorte de estarem vivos!

Quando disseram à garota que não haveria mais luta até que os reforços chegassem, ela enlouqueceu.

Vocês foram ao seu conselho, e eu ao meu. E, acreditem em mim, o conselho do meu Senhor vai ser posto em ação, enquanto o seu vai perecer.

Joana quis dizer que as vozes que falavam com ela sabiam mais que alguns estúpidos capitães do exército.

Mas também havia outras vozes ao seu lado, pois o povo de Orléans clamava por mais ação. Os capitães logo perceberam que *teriam* que lutar no dia seguinte, porque senão os habitantes da cidade, liderados por Joana, lutariam até a morte sem eles.

Antes de ir para a cama naquela noite, Joana pediu a seu padre que ficasse perto dela na luta do dia seguinte...

Pois amanhã o sangue vai jorrar do meu corpo acima do meu peito.

O melhor momento de Joana

Joana levantou cedo na manhã de domingo, antes mesmo do amanhecer, e tomou a comunhão com seu padre. Então ela pôs a armadura e atravessou a cidade. Multidões lhe desejaram sorte, enquanto outros tantos lhe imploraram que os liderasse em batalha. Um passante ofereceu-lhe um peixe para o café da manhã, mas Joana respondeu:

Guarde-o até esta noite, pois vou lhe trazer um maldito para engrossar a ceia.

Fatos de capa e espada

Malditos

Os franceses chamavam seus inimigos de "malditos", pois os ingleses diziam "maldito sejas!" em toda e qualquer situação.

De barco, Joana liderou os habitantes da cidade até o outro lado do rio, e então fez algo que ela mesma não ousara fazer antes daquele dia: convocou a sua *própria* reunião de Conselho de Guerra. Joana decidiu que era ela quem daria as ordens dali em diante. Vendo a quantidade de soldados rasos preparados para segui-la, os capitães decidiram deixá-la continuar com seu plano. "Se não dá para vencer Joana, é preciso unir-se a ela", eles pensaram.

E o que Joana planejava fazer era...

No início, os franceses não pareciam estar fazendo nenhum progresso, e os ingleses no forte dos Agostinhos começaram a zombar deles. Então, enquanto Joana ajudava a escorar uma escada, um desastre aconteceu. Uma flecha penetrou a armadura de Joana e atravessou o seu ombro, aparecendo do outro lado. Joana fez um escarcéu, mas aquilo certamente funcionou, e ela foi rapidamente carregada por alguns de seus homens para fora da cena da batalha.

Quando a flecha foi tirada, ela deve ter sentido uma dor desgraçada, já que não existia qualquer tipo de anestésico naquela época. Mas, em vez de se descabelar, Joana berrou pra valer — mas o grito que soltou foi o de vitória! Ela sempre via o lado bom das coisas, e interpretou o cumprimento da obscura profecia que fizera naquela manhã como um claro sinal de que Deus estava com ela.

FATO ou FÁBULA?

A previsão de Joana sobre o seu ferimento

Joana sabia que estaria no meio da batalha e que se machucar, nesses casos, era sempre uma possibilidade. Entretanto, Joana aparentemente previu seu ferimento várias vezes em frente a testemunhas, e também parecia saber que seria ferida no peito. Uma dessas previsões é mencionada em uma carta datada de 22 de abril de 1429, duas semanas antes de ela ser ferida!

Contra todas as previsões, não levou muito tempo até que ela estivesse de pé novamente e de volta à sua antiga forma.

Com Joana mais uma vez no campo de batalha, os franceses mantiveram seus ataques até o anoitecer, mas não coseguiam derrotar o inimigo. À procura dos conselhos de suas vozes, Joana deixou o estandarte com um de seus homens e partiu para um lugar tranquilo para rezar. Mas, enquanto estava longe, os capitães ordenaram a retirada do exército.

Quando Joana retornou e viu o que estava acontecendo, ficou furiosa. Por sorte, o homem que segurava o estandarte de Joana havia se recusado a se mover sem as ordens dela. Apesar do ferimento horrível no peito, Joana avançou correndo até ele, agarrou a bandeira, balançou-a no ar e gritou com toda a força.

Joana conseguiu animar seus homens, que irromperam à ação mais uma vez. Dessa vez não havia como pará-los, e eles rapidamente subjugaram o forte que lhes dera tantos problemas ao longo do dia.

Enquanto isso, o povo de Orléans estava ocupado consertando a ponte que levava às Tourelles, com calhas velhas e alguns pedaços de madeira, para poder atacar do outro lado. A parte que eles remendaram ficou tão próxima da água que estava quase invisível, e alguns soldados franceses pensaram que as pessoas estavam andando por sobre a água! Tudo isso contribuiu para a sua crescente fé na vitória miraculosa de Joana.

Agora não havia mais saída para os ingleses nas Tourelles, e eles enfrentaram um destino terrível quando os franceses as incendiaram. Alguns pularam no rio, mas foram arrastados para baixo da água por causa das pesadas armaduras. Os outros se entregaram e tornaram-se prisioneiros. (Joana conseguiu o seu maldito, e mais um punhado!)

Infelizmente, a batalha de Orléans ainda não estava *completamente* vencida...

A VITÓRIA ESTÁ “AO NOSSO ALCANCE”, DIZ DONZELA

A destemida Donzela liderou Orléans em uma surpreendente vitória hoje. Talvez seja apenas uma questão de horas até que os ingleses se entreguem completamente, ela diz.

Mas outros são mais cautelosos. Apesar de agora sermos os donos do pedaço na maioria dos fortes da margem sul, o exército inglês ainda é uma ameaça ao norte do rio.

No entanto, no anoitecer seguinte...

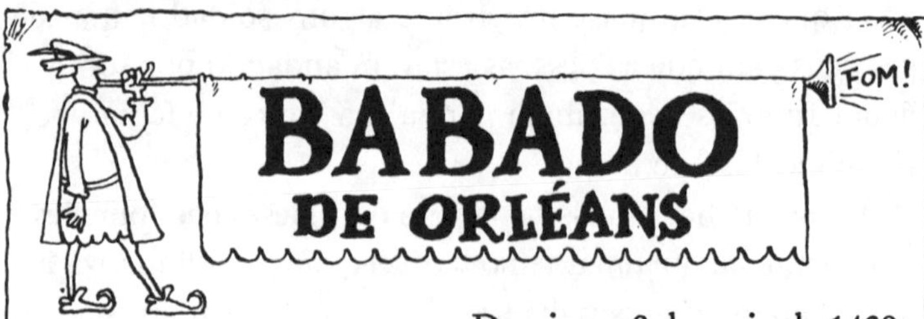

Domingo, 8 de maio de 1429

ORLÉANS, ENFIM, LIVRE!

O cerco termina — ingleses são derrotados pela primeira vez em eras. Experts predizem virada na sorte dos franceses.

Graças à miraculosa Donzela, nós cidadãos de Orléans estamos finalmente livres da peste inglesa! Três vivas para Joana!

Depois da impressionante conquista de ontem, todos esperavam encontrar os fortes restantes abandonados pelos ingleses. Em vez disso, eles se reuniram nos campos ao norte da cidade para um perigoso contra-ataque.

Suspeitos de estarem sendo atraídos para uma batalha em campo aberto, nossos capitães ficaram relutantes em aceitar o desafio.

A Donzela deu outra razão

para esperar. "É domingo", ela disse. "Não devemos lutar num domingo."

Quando os ingleses perceberam que não havia nada acontecendo, eles decidiram desistir e ir embora. O que significa que Orléans finalmente está a salvo.

O *Babado* diz: Enfim! Tivemos uma grande vitória! E tudo graças à Donzela de Orléans! Três vivas para Joana!

GRÁTIS! SUPLEMENTO COMPLETO DA DONZELA PARA RECORTAR E GUARDAR!

Todos estavam embasbacados com o que havia acontecido, mas sabiam de uma coisa: a vitória era de Joana, e logo ela ficaria conhecida por toda a França como a Donzela de Orléans.

Joana mal conseguia andar pelas ruas de Orléans — todo mundo queria abraçá-la e beijá-la, e pediam que ela abençoasse seus bebês. E, é claro, ela adorou! Ela adorou a cidade e até achou uma casa em que poderia viver quando tivesse terminado de botar os ingleses para correr.

Joana nunca conseguiu morar em Orléans, mas anos depois sua mãe foi viver lá e todos a trataram com o maior respeito. E até hoje, todo ano, no dia 8 de maio, a cidade tem uma grande comemoração em homenagem a Joana.

DONZELA À PROCURA

Depois da vitória em Orléans, Joana foi diretamente ver o delfim. Era mais que hora de ele ser devidamente coroado, e ela estava determinada a fazê-lo. Quanto a Carlos, as notícias de Orléans o animaram demais, e ele estava ocupado escrevendo a amigos e conhecidos, contando-lhes tudo.

Caros amigos e conhecidos,

Adivinhem só! Minha amiga Joana salvou Orléans. Foi como tirar doce de criança, na verdade. Lá-lá-lá-lá-lá.

Carlos da França.

PS: Agora vocês todos podem parar com essa história de que sou um perdedor.

Quando Joana chegou à corte de Carlos ela não o deixava em paz. Perturbava a ele e seus conselheiros para que agissem logo.

Mas Carlos gostava das suas reuniões com o conselho, e quanto mais longas e cheias de conversa, melhor, no que lhe dizia respeito. (Afinal de contas, elas não envolviam ações de fato.) No fim, porém, ele acabou prometendo que *iria* a Reims, mas só depois que o exército tivesse mais algumas vitórias ao longo do Loire para tornar a jornada mais segura.

Joana concordou, e ficou muito contente quando Carlos pôs seu duque predileto, duque d'Alençon, no comando. Ela estava muito confiante, e prometeu à sua esposa que cuidaria dele, dizendo-lhe que quando voltasse da aventura ele estaria com boa saúde, ainda melhor que a que já tinha!

Assim, no início de junho de 1429, Joana e d'Alençon partiram com um exército de cerca de 2 mil homens. Em pouco mais de uma semana, eles deixariam os ingleses absolutamente humilhados.

Joana desenfreada

O primeiro lugar a receber a visita da Donzela foi a cidade de Jargeau. Joana bradou o desafio ao adversário, como de costume, mas em vez de gritar de volta palavras rudes, como aconteceu em Orléans, desta vez os ingleses ficaram completamente quietos. Agora eles estavam assustados, coitadinhos.

Joana atirou-se à batalha com o seu entusiasmo de sempre...

... e até conseguiu salvar a vida de d'Alençon.

(Bem, ela prometeu, à esposa do duque, lhe entregar o marido com saúde!)

No fim, a cidade foi tomada, deixando 1100 ingleses mortos.

Os franceses retornaram a Orléans para descansar, mas logo Joana estava apressando d'Alençon (que supostamente estava no comando!) para que pusesse o exército logo em ação. Poucos dias depois, os franceses tomaram a cidade de Meung-sur-Loire. Mais dois dias, Joana e seu belo duque chutaram os ingleses para fora de mais outra cidade, desta vez um lugar chamado Beaugency.

Uma cena horrível

Então, em 18 de junho de 1429, os franceses venceram a Batalha de Patay, uma das mais cinzentas da Guerra dos Cem Anos, e que muitos viram como uma vingança pelo massacre inglês em Agincourt, catorze anos antes. Aconteceu o seguinte:

Os franceses dizem que Joana foi responsável pela vitória, mas, na verdade, ela só chegou ao campo de batalha depois que a matança terminara. Os soldados de La Hire foram impiedosos, e apesar de Joana estar satisfeita com a vitória, ela ficou chocada com o que viu. De acordo com alguns relatos, mais de *2 mil* soldados ingleses foram massacrados contra apenas *três* baixas francesas.

Joana viu um soldado francês bater na cabeça de um prisioneiro inglês com sua espada e, enquanto o inglês agonizava, ela cuidou dele e implorou-lhe para que se confessasse. Quando ele morreu, em seus braços, Joana chorou copiosamente.

Joana sempre estava pronta para uma luta. E, apesar de ter dito depois que nunca matara ninguém, ela parecia gostar de usar sua armadura, levantar seu estandarte e irromper em batalha pela causa francesa. Mas, quando viu a matança que seu exército causou em Patay, ela deve ter se perguntado se estava mesmo agindo corretamente ao incentivar seus homens a cometerem assassinatos em massa como aquele. Seu estômago deve ter se revirado enquanto ela se dava conta de que suas próprias ações levaram a tanto sofrimento.

Pontos de vista

A essa altura, não havia um só homem dentre os franceses que não acreditasse no poder de Joana, e muitos ainda acreditavam que ela tinha uma mãozinha de Deus. Os ingleses também começaram a acreditar nela — só que de uma maneira diferente. Veja como eles pensavam:

Pode parecer um raciocínio besta, mas as pessoas eram muito mais supersticiosas naquela época, e muitos soldados ingleses provavelmente acreditavam mesmo que Joana era uma bruxa. Mas, mesmo os menos crédulos, como os nobres e capitães mais educados, também achavam que Joana era uma bruxa. Ao menos isso lhes dava algum tipo de desculpa pelo seu pífio desempenho no campo de batalha. E um dia isso lhes daria um motivo para deter Joana definitivamente.

O COVARDÃO DA COROAÇÃO

Joana provou que a sua grande vitória em Orléans não foi um mero e feliz acaso. Ela ainda não chutara os ingleses da França, mas os pôs para correr. E o exército francês, antes um bando de perdedores sem esperança, transformou-se em uma força de batalha de primeiro nível nas mãos de Joana. Milhares de homens de toda a França agora corriam para se juntar ao grupo e participar da ação. (Essas não eram exatamente boas notícias para Carlos, que não sabia como pagar todo mundo!)

Apesar de o exército agora estar disposto a pressionar e surrar o inimigo em Paris, a prioridade número um de Joana era que o rei fosse coroado em Reims para que não houvesse mais discussões sobre quem era o verdadeiro soberano da França.

Mas Reims estava bem no meio do território dos borgões, e ir até lá seria perigoso, então Carlos *ainda* não tinha certeza se queria ser coroado. Joana teve que se esforçar mais do que nunca para convencê-lo de que essa era uma boa ideia.

Para garantir que a coroação acontecesse, Joana arrumou alguns convites:

25 de junho de 1429

Aos Cidadãos de Tournai

POR FAVOR, VENHAM PARA A FESTA!

Vocês estão convidados para se juntarem a mim, Joana, a Donzela de Orléans, em uma grande festa em Reims para celebrar a coroação do rei Carlos da França! Por favor, tragam toda a família e ajudem-nos a fazer desta uma ocasião realmente especial.

PS: Por que não trazer um amigo (ou dois)?
PS 2: Quanto mais, melhor.

No fim, ela conseguiu persuadir Carlos...

... e, em 29 de junho de 1429, eles finalmente partiram. Joana devia estar muito orgulhosa. Apesar de às vezes Carlos ser um chato, ela ainda assim devia estar muito entusiasmada por cavalgar com seu nobre delfim, à frente de seu exército conquistador.

Na verdade, a jornada duraria vários dias. E eles teriam que passar por diversas cidades ainda em mãos inimigas. Apesar de Carlos estar muito preocupado com isso, Joana estava certa de que os opositores se entregariam quando vissem a Donzela chegando. Ela já estava acostumada a conseguir o que queria.

Mas não foi tão fácil quanto Joana pensava, pois a primeira cidade a que chegaram, Auxerre, recusou-se a abrir seus portões. Joana achou que seria moleza atacá-los, mas Carlos e seus nobres preferiam evitar conflito se pudessem, e resolveram pagar para entrar.

Joana ficou furiosa quando foi mais uma vez impedida de entrar na próxima cidade a que chegaram, Troyes (famosa pelo tratado traiçoeiro). Meros quinhentos soldados mantinham os portões fechados, mas uma vez mais Carlos não deixou que as espadas fossem sacadas. O exército francês acampou do lado de fora da cidade enquanto os dois lados tentavam chegar a um acordo.

Irmão Ricardo

Enquanto batia botas do lado de fora de Troyes, Joana conheceu alguém. Mais especificamente, um frei, que veio andando nervosamente e na ponta dos pés em sua direção...

Irmão Ricardo era uma grande celebridade na França, e fizera o seu nome depois de pregar para grandes multidões em Paris, dizendo-lhes que o fim do mundo estava próximo e que eles deviam livrar-se de suas posses e se tornar mais sacros.

Ricardo ouvira tudo sobre Joana, é claro, e quando ela chegou a Troyes quis conhecê-la. Mas ele estava hesitante (como muitos outros antes dele), com medo de que Joana fosse uma bruxa.

Assim que começaram a conversar, entretanto, Joana logo o persuadiu de que ela não o transformaria em um sapo, e não demorou muito até virarem amigos. Joana até convenceu Ricardo a trocar de lado. Ele apoiava os ingleses e os borgões, mas depois de conhecer Joana entrou para o grupo de Carlos.

Infelizmente, andar com o monge não ajudou Joana, pois muitos elementos do alto escalão da Igreja achavam Ricardo um agitador de massas, cujas ideias radicais podiam encorajar o povo a revoltar-se contra eles.

Agora, com as novas amizades, Joana era vista da mesma forma, como alguém que encorajava ativamente o povo a se opor à própria Igreja.

Para piorar as coisas, Ricardo encorajou Joana a falar mais abertamente do que ela tinha feito até então sobre suas vozes. (As vozes das quais os bispos que questionaram Joana em Poitiers suspeitaram.) E ele também saiu contando histórias sobre os poderes especiais de Joana, dizendo que ela poderia fazer o exército francês voar se quisesse! Mas isso só encorajou os rumores de que ela era mesmo uma bruxa.

Joana põe a mão na massa

Mesmo com o irmão Ricardo por perto para mantê-la entretida, Joana não conseguia suportar tanto tempo sem ter o que fazer, e logo decidiu que era hora de agir...

1 Primeiro Joana disse ao delfim que, se ele a deixasse no comando, ela os poria para dentro de Troyes antes que ele pudesse dizer "Você tem certeza de que isso é uma boa ideia?". E começou a distribuir ordens.

2 Depois ela desenhou um complexo plano de ataque que impressionou os capitães.

3 E saiu correndo para dar o sinal de combate. Na verdade, a cidade logo se rendeu. Eles sabiam que não podiam resistir muito tempo a um ataque da Donzela Dominadora.

4 Joana então irrompe em Troyes e se ocupa organizando uma grande recepção para Carlos, alinhando os seus soldados pelas ruas para saudar a entrada do soberano.

5 Em seguida, visita um bebê recém-nascido, cuja mãe tinha pedido sua bênção e que ela fosse sua madrinha!

6 Mais uma vez Joana corre, agora para unir-se a Carlos, que montava pela cidade em uma majestosa procissão.

7 Finalmente, ela mergulhou na cama e tirou um cochilo. Como sempre, a Donzela estava esgotada.

FATO OU FÁBULA?

As borboletas

Uma testemunha ocular de Troyes disse ter visto uma nuvem de borboletas voando em círculos ao redor do estandarte de Joana.

O estandarte era branco com lírios dourados pontilhados por toda a extensão. Será que eles podiam ter sido confundidos com borboletas?

Para a sorte de Joana, a próxima cidade a que chegaram, Châlons-en-Champagne, abriu os portões imediatamente. Châlons não era muito distante da região da Lorena, e lá Joana teve uma ótima surpresa...

DIÁRIO SECRETO DA JOANA

Châlons, 14 de julho de 1429

Vi alguns rostos familiares de Domrémy hoje, incluindo um dos meus padrinhos! Eles vieram para me desejar sorte! (Minha família está bem e me deseja sucesso também, aparentemente.) É tão bom vê-los.

Eu queria dar ao meu padrinho algo para ele se lembrar de mim. Decidi dar o vestido vermelho que eu costumava usar o tempo todo. Não vou precisar daquilo por um bom tempo!

Toc, toc

No dia seguinte, porém, Joana estava ansiosa. Apesar de Reims estar a apenas um dia de marcha, ela repentinamente ficou preocupada com a possibilidade de algo dar errado e estragar seus planos. Ainda havia um bom número de tropas inimigas na cidade, e os principais exércitos ingleses e borgões não estavam muito longe também. Para completar, Joana não tinha certeza de que o povo de Reims concordaria com a coroação.

Na verdade, Carlos já tinha escrito a eles:

Caro Povo de Reims,

Desculpem incomodá-los, mas há alguma chance de vocês me deixarem entrar para que eu possa ser devidamente coroado? Eu prometo que não causarei qualquer problema. Só preciso usar a catedral por algumas horas.

Sinceramente,

Carlos, seu herdeiro por direito. (Sem ofensa.)

O povo de Reims pensou por um tempo, até que finalmente concordou em abrir os portões. Então, no sábado de 16 de julho de 1429, Carlos, Joana e o exército francês marcharam para dentro de Reims, enquanto as tropas borgonhesas marchavam para fora por outro portão. (Eles perceberam que a cidade era toda a favor da cerimônia de coroação e decidiram que seria melhor fazer uma saída silenciosa.)

Uma vez lá dentro, Joana decidiu que não fazia sentido esperar e correr o risco de mais tropas inimigas aparecerem e estragarem tudo, então ela determinou a data da coroação para o dia seguinte. Isso lhes deu apenas algumas horas para se preparar!

Um tanto a fazer

Se algum dia você tiver que organizar uma coroação francesa medieval em bem pouco tempo, vai precisar do seguinte:

- Toneladas de pomposas regalias reais para usar como decoração (estandartes, bandeiras e demais enfeites para dar um pouco de cor).
- Doze Nobres do Reino. (Os doze bispos e nobres mais opulentos da França.)

- Catedral de Reims. (Não dá para ser uma antiga qualquer: precisa ser a de Reims.)
- Uma garrafa de um óleo sagrado antigo e muito especial para untar o novo rei.
- Multidões de fãs berrando.

Apesar de ter ficado responsável pelo óleo, pela catedral e pelos fãs, Joana só tinha três dos bispos apropriados (mas nenhum dos outros Nobres do Reino) e nenhum pomposo objeto real. Verdade seja dita, ela fez o possível com o que havia disponível...

Nobres do Reino eram escassos naquela época, pois agora muitos deles estavam ao lado dos inimigos de Carlos. Eles achavam que o rei inglês, Henrique, era o verdadeiro rei da França, não Carlos — então não havia jeito de comparecerem a *esta* coroação. (Um desses nobres era Filipe, o Bom, o duque da Borgonha, tecnicamente apenas um nobre francês importante, não um governador por direito. Joana devia saber que ele não viria, mas isso não a impediu de mandar-lhe um audacioso convite algumas semanas antes!)

DIÁRIO SECRETO DA JOANA

Reims, sábado, 16 de julho de 1429

Bem, está quase tudo pronto. A decoração está pronta e eu estou exausta. Distribuir ordens o dia inteiro é muito cansativo!

Ainda assim, mal posso esperar para caminhar por aquelas gigantescas portas da catedral com Carlos ao meu lado.

Na verdade, estou tão animada que provavelmente não vou conseguir dormir. Esperei por esse dia durante anos.

O grande dia de Joana correspondeu a todas as expectativas e terminou sendo, provavelmente, o dia mais feliz da vida dela. Veja como foi...

O GLOBO GAULÊS

17 de julho de 1429

A FRANÇA SAÚDA O REI CARLOS VII!

Donzela orgulhosa vê o amado delfim enfim coroado

O verdadeiro rei da França, Carlos VII, foi enfim ungido e coroado na catedral de Reims. Em uma cerimônia emocionante, o delfim reivindicou hoje o seu direito de ser chamado de rei e em tons brandos fez um juramento de "proteger o povo da França de toda injustiça" (ou seja, dos ingleses).

A Donzela de Orléans ficou ao lado de seu amado Carlos o tempo todo. Extraordinariamente, ela até recebeu permissão para carregar seu estandarte dentro da catedral.

"Ele lutou as batalhas, então deve receber as glórias", ela comentou mais tarde.

Quando a cerimônia terminou, um estrondoso toque de trombetas sinalizou que era a hora de celebrar — e como!

A Donzela, na foto com o capitão La Hire e o duque d'Alençon, mais tarde disse estar "na lua" agora que a tão esperada coroação aconteceu com tanto sucesso. "Eu sempre soube que Carlos conseguiria", ela disse. "Ele só precisava de um pouco de encorajamento, é isso."

Quando a cerimônia terminou, Joana foi com Carlos e os outros nobres ao banquete da coroação, que deve ter sido uma grande festa.

Depois disso, Carlos mal podia esperar para exibir sua nova coroa, então Joana foi com ele dar uma volta pela cidade e deixar todo mundo de boca aberta com todo o seu refinamento. As multidões eram gigantescas — e, é claro, todo mundo parecia ter ao menos um bebê para Joana abençoar!

DIÁRIO SECRETO DA JOANA

Reims, domingo, 17 de julho de 1429

Adivinha quem eu vi na multidão hoje? Papai! E tio Durand também! Eu não podia acreditar!

Os dois estavam com lágrimas nos olhos. Foi tão bom vê-los de novo — eu me desfiz em lágrimas e saltei do meu cavalo para dar-lhes um grande abraço. Papai está hospedado numa estalagem chamada Burro Listrado, na frente da catedral. Ele parece cansado, mas diz que está orgulhoso de mim.

Mais tarde, Carlos me perguntou o que poderia me dar como agradecimento por tê-lo tornado rei. Normalmente eu teria dito que não há nada — quero dizer, eu não estou fazendo tudo isso por uma recompensa. Mas algo me ocorreu. Eu pedi a ele que liberasse o povo de Domrémy de pagar taxas de agora em diante. Ele pareceu angustiado quando eu disse isso. Eu sei que anda com pouca grana. Ainda assim, no final, ele concordou. Deus o abençoe, ele é um doce!

O que Joana nunca se deu conta, porém, é que Carlos não era nada doce, e não demoraria até que ele a desapontasse terrivelmente...

AS COISAS DÃO ERRADO

Até onde Joana sabia, a próxima parada era Paris. Ela estava muito animada, e pensava que o seu exército logo tomaria a cidade, mesmo que ela estivesse bem defendida pelas tropas dos ingleses e dos borgões. De Reims, ela já tinha escrito uma de suas cortantes cartas para o duque da Borgonha, mais conhecido como Filipe, o Bom, dizendo para ele se mandar. A França agora tinha o seu rei, ela lhe disse, e Deus puniria seus inimigos. (Ela também o provocou por não ter ido à coroação!) Era o palavreado agressivo de costume, mas as coisas logo começaram a dar errado para Joana.

O problema é que Carlos não pensava como ela. As guerras eram caras, e Carlos estava preocupado em como pagar o seu exército. Alguns de seus homens já reclamavam de não ter o suficiente para comer. Além disso, Carlos começou a achar que, mesmo com a ajuda de Joana, ele nunca poderia ganhar uma guerra contra dois inimigos (Inglaterra *e* Borgonha).

Então, ele também escreveu para Filipe, o Bom, sem que Joana soubesse...

Agosto de 1429

Caro Lipe,

Como você deve ter escutado, eu agora sou o rei da França. Mas não se preocupe, eu não estou procurando briga. É confuso demais. E perigoso, também.

Eu pensei que talvez pudéssemos entrar num acordo. Olhe só: se prometer parar de associar-se aos ingleses, eu deixo você manter bons pedaços da França.

Não se preocupe com a Joana. Ela fica entusiasmada demais. É uma garota incrível, de verdade, mas um pouco mandona além da conta. Acho que está na hora de fazer as coisas do meu jeito — mas sem que ela perceba, é claro.

Seu novo amigo,

Carlinhos

PS: Não foi minha ideia assassinar seu pai. Juro!

Carlos cavalgou com o exército em direção a Paris, mas enrolou o máximo possível, esperando conseguir um acordo com a Borgonha antes de chegar lá.

Alguns bispos rancorosos

No caminho, cruzaram várias outras cidades tomadas pelo inimigo, como Senlis, Beauvais e Compiègne, que logo se entregaram. Mas, em cada um desses lugares, acontecia alguma coisa que um dia causaria problemas para Joana...

1 Em Beauvais, o bispo pró-ingleses — Pierre Cauchon — foi forçado a fugir para Paris, perdendo seu confortável lar. Ele não iria esquecer essa humilhação muito cedo.

2 Em Compiègne, Joana estava montando seu cavalo, impaciente para seguir em frente com a luta daquele dia, quando ela foi interrompida por um mensageiro...

ASSUNTOS MEDIEVAIS

Dois papas?

O papa é o chefe supremo da Igreja Católica. Ele é supostamente o porta-voz de Deus na Terra, então é óbvio que deve haver apenas um por vez. Mas, de 1378 a 1417, na verdade houve dois papas rivais. (E, em um dado momento, três!) Um vivia em Roma (Itália) e outro em Avignon (França). Mesmo depois de 1417, decidir qual havia sido o verdadeiro ainda era um ardente debate político da época.

Pode não parecer muito, mas a resposta informal de Joana irritou algumas pessoas. Bispos e sacerdotes importantes discutiam havia *anos* sobre essa questão, mas Joana parecia acreditar que podia ter uma resposta direta de Deus sem ouvir um pingo do que eles diziam.

3 Em Senlis, Joana foi acusada de roubo! Impaciente para chegar a Paris, ela encontrou-se temporariamente sem cavalo. Então, sem pedir, pegou emprestado o cavalo que pertencia ao bispo da cidade e que era extremamente caro. Ela estava acostumada com as pessoas emprestando-lhe de boa vontade tudo de que precisava, mas dessa vez exagerou nas liberdades...

Para piorar as coisas, quando Joana soube que o bispo estava bravo, ela devolveu o animal com um bilhete que dizia:

Altas muralhas e acordos secretos

O exército francês alcançou as cercanias de Paris no dia 26 de agosto de 1429. Eles rapidamente se entrincheiraram do lado de fora enquanto seus inimigos organizavam suas defesas em volta das enormes muralhas da cidade.

Naqueles dias, Paris era a maior cidade da Europa, com uma população de 100 mil pessoas. Os inimigos da França a tomaram alguns anos atrás, quando Carlos fugiu e milhares de armanhaques foram massacrados. Agora, a maioria dos parisienses apoiava os 3 mil soldados ingleses e borgões que defendiam a cidade.

Paris sempre seria um osso duro de roer para Joana mas, como sempre, ela se recusava a pensar nas dificuldades. Depois de Orléans, tudo era possível e, mesmo que não tivesse ouvido muito de suas vozes ultimamente, Joana estava certa de que Deus a ajudaria.

O que ela não percebeu é que o seu próprio rei não estava mais do seu lado. Enquanto ela e d'Alençon se preparavam para o que prometia ser a maior batalha de todas, Carlos fazia mais acordos secretos...

Agosto de 1429

Caro Lipe,

Olha, eu realmente não estou interessado em lutar. Tenho o que quero, uma bonita e reluzente coroa e um bom pedaço do meu país.

Vamos assinar uma trégua. Assim posso me afastar destas malditas batalhas e voltar pro meu confortável castelo.

Não se preocupe. Eu não quero ver meu exército reduzido a pedacinhos só por uma miserável capital, mesmo que ela seja a maior do mundo cristão.

Seu novo amigo,

Carlinhos

PS: O problema é que todas aquelas vitórias (sem ofensa) subiram à cabeça de Joana! De qualquer forma, vamos deixá-la lutar por um dia ou dois e ela vai perceber que está sem sorte.

Donzela encontra canal

Por duas semanas, não aconteceu nada de relevante. Mas Joana logo ficou cheia de todo o vai-não-vai e finalmente ordenou que o ataque a Paris começasse em 8 de setembro, mesmo que suas vozes não lhe tivessem dito para partir para o ataque. Estranhamente, o dia que ela escolheu era um Dia Santo em homenagem à Virgem Maria. Antes, em Orléans, Joana disse que não lutaria em um dia santo — e nem mesmo em um domingo comum — porque tinha medo de que Deus ficasse bravo.

E o ataque a Paris acabou sendo um completo e absoluto desastre. Foi isso o que aconteceu...

ELA ORDENOU QUE SEUS HOMENS EMPURRASSEM CARROÇAS CHEIAS DE TRONCOS E PEDRAS DENTRO DO CANAL PARA FAZER UMA PONTE... MAS ELAS AFUNDARAM SEM DEIXAR SINAIS. ESSE CANAL ERA MUITO MAIS FUNDO DO QUE QUALQUER UM QUE ELA JÁ ENCONTRARA...

UM ARQUEIRO INGLÊS RIU DELA, CHAMANDO-A DE NOMES RUDES, E ATRAVESSOU A SUA COXA COM UMA DE SUAS FLECHAS.

O CARREGADOR DO ESTANDARTE DE JOANA FOI ATINGIDO NO PÉ LOGO DEPOIS. ELE LEVANTOU O SEU VISOR PARA EXAMINAR O FERIMENTO E FOI IMEDIATAMENTE ACERTADO UMA SEGUNDA VEZ, AGORA NO ROSTO.

No dia seguinte, o rei ordenou que Joana e seu exército desistissem e partissem de Paris de uma vez. Joana estava angustiada e furiosa, mas também estava gravemente ferida e não tinha outra opção a não ser obedecer.

Os soldados franceses ficaram assustados, sem saber o que pensar. Eles tinham começado a acreditar que tudo seria fácil com Joana a seu lado, mas agora percebiam que ela não era uma milagreira, que não poderia levá-los *sempre* à vitória. A batalha por Paris, a primeira derrota de Joana, foi uma verdadeira reviravolta na sua história. De agora em diante, as coisas iriam de mal a pior... até ficarem realmente terríveis.

AS COISAS FICAM PIORES

Depois do fiasco em Paris, Joana começou a se sentir muito para baixo, e grande parte da sua confiança pareceu ter se esvaído. Suas vozes a guiaram a algumas grandes vitórias, e à coroação de Carlos em Reims, mas elas não lhe mandaram atacar Paris naquele dia e, quando o fez, foi um desastre. Será que ela se precipitou? Enquanto descansava por causa da perna ferida, Joana pensou a respeito de tudo isso e ficou mais e mais deprimida. Na verdade, ela nunca voltaria a ser a mesma pessoa.

Joana, tratamento VIP

Apesar dos recentes empecilhos, Joana continuava popular entre o povo, e ainda era tratada como celebridade. Eles a chamavam de "A Angelical", e penduravam imagens dela por toda parte. E, é claro, ela continuava tendo que abençoar bebês por todos os lados.

Joana não podia fazer grandes coisas para impedir que os outros a tratassem como uma estrela, mas isso lhe trouxe problemas depois. Os inimigos ressentiam-se da popularidade dela e pensavam que isso lhe dava ares de superioridade.

Infelizmente, para Joana, Carlos também estava cheio do status VIP dela — não gostava que as pessoas acreditassem que Joana era mais importante do que ele! Além disso, Carlos não estava mais achando apropriado a Donzela se meter em suas coisas e dizer-lhe o que fazer o tempo todo. Tinha selado a paz com a Borgonha, e naquela época os ingleses não eram uma ameaça (graças às vitórias de Joana, é claro!), então ele achava que não precisava mais da ajuda dela. E depois da derrota em Paris, ficou claro que Joana não podia garantir todas as vitórias, e Carlos começou a tratá-la como uma mascote da sorte que deixou de dar sorte.

Como muitas pessoas, Joana não achava que a trégua com Filipe, o Bom — que era uma pessoa nojenta, como todos sabiam —, iria durar. (A paz só seria conquistada na ponta da lança, ela costumava dizer.)

Assim, Joana logo tentaria se juntar a d'Alençon para atacar os ingleses novamente, mas foi impedida pelo rei. Carlos praticamente proibiu Joana de lutar, e não a deixava nem *ver* o seu "belo duque". (Na verdade, depois de Paris, Joana nunca mais o veria.) Depois de tudo o que fizera, Joana agora estava de castigo.

Joana encontra uma rival

Sem poder lutar, Joana ficou muito entediada. Mas a situação mudou quando ela foi apresentada a uma amiga do irmão Ricardo chamada Catarina de La Rochelle, uma mulher que alegava ter visões. Joana ficou animada em conhecer alguém com experiências parecidas com as suas, e contou a Catarina tudo sobre suas vozes e o que elas lhe disseram nos últimos anos. E quis saber como era com a outra, é claro.

Catarina explicou que, à noite, ela costumava ver uma bela dama pálida, vestida com ouro, que lhe dizia para viajar pelas cidades e aldeias coletando ouro e prata para pagar pelo exército do rei. Essa dama fantasmagórica ainda contava a Catarina sobre as pessoas que tinham metais preciosos escondidos.

Mas, por alguma razão, Joana não achou que a história de Catarina soava verdadeira. (Talvez porque a dama parecesse mais com um fantasma do que com uma visão.) Na verdade, Joana não acreditou em nada daquilo...

DIÁRIO SECRETO DA JOANA

Novembro de 1429

Eu disse a Catarina para parar de fingir ser uma visionária como eu. "Você deve voltar ao seu marido", eu disse, "e cuidar da sua casa, isso sim!"

Damas pálidas! O que mais vai aparecer por aí?

Só para ter certeza de que não estava sendo injusta, perguntei às minhas vozes se devia acreditar em Catarina. Elas disseram que não, que Catarina era "pura tolice". Exatamente como eu pensava. Então escrevi a Carlos dizendo-lhe para não confiar nela.

Um pouco mais à frente, no Natal, Joana deve ter ficado na dúvida. Ela pediu para dormir com Catarina para tentar conseguir um vislumbre da mulher pálida!

DIÁRIO SECRETO DA JOANA

PRIMEIRA NOITE

Fiquei acordada a noite toda, mas a Mulher Pálida não apareceu (que surpresa).

SEGUNDA NOITE

Eu estava tão cansada, depois de passar a noite passada acordada, que adormeci imediatamente. Pela manhã, Catarina disse que a Mulher Pálida havia feito uma visita enquanto eu tirava uma soneca. (Ah, claro, aposto que sim!)

TERCEIRA NOITE

Mantive a mim mesma (e a Catarina, também) acordada a noite toda, falando sem parar. Perguntava o tempo todo quando exatamente iríamos receber a visita de Você Sabe Quem. E ela sempre dizia "logo, logo". Mas claro que ela não veio de novo.

Falemos a verdade, Catarina, <u>a Mulher Pálida é papo-furado</u>.

Parece que Joana não gostava de ter uma rival visionária por perto, que dizia receber mensagens de Deus assim como ela! Mas era um pouco injusto insistir em ver a dama de Catarina. Afinal de contas, a própria Joana não gostava nada de mostrar a outras pessoas evidências das *suas* vozes e visões. Quando seu criado João uma vez pediu se podia vê-las, ela lhe disse que ele não era santo o suficiente!

O exército invisível de Joana

O inverno parecia não ter fim, e Joana continuava entediada e frustrada pra chuchu. Então, como um presente especial, Carlos a deixou lutar mais uma batalha. Uma cidade chamada Charité estava sob a custódia de um nobre francês que se aliou aos ingleses, e Carlos pensou em mandar Joana para resolver as coisas sem pôr em perigo seus delicados acordos de paz com Filipe, o Bom. Naturalmente, Joana topou, e por um tempo pareceu que ela voltaria a ser a mesma.

Então, durante uma batalha feroz perto de Charité, Joana viu-se encurralada, com apenas outros cinco soldados franceses. Eram clara minoria numérica e se encontravam prestes a ser massacrados, quando João, o criado de Joana, correu até ela para encorajá-la a se mandar. Em resposta, Joana gritou...

De alguma forma, Joana e seus cinco homens conseguiram lutar e sair daquela situação complicada. O evento ficou conhecido como Vitória dos Anjos por causa do exército de 50 mil soldados invisíveis de Joana. Algumas pessoas achavam que os anjos tinham mesmo participado da batalha, o que seria um sinal de que Joana tinha Deus mais uma vez a seu lado. Mas outros achavam que ela estava simplesmente delirando, e que estava era enlouquecendo.

No dia seguinte, a França apanhou severamente e, com ou sem o exército de anjos, Joana não conseguiu conquistar Charité. Na verdade, essa foi mais uma derrota grave, e Carlos resolveu manter sua não-tão-poderosa Donzela fora do campo de batalha a partir de então.

Com vocês, sir e lady Darc

No Natal, Carlos decidiu animar Joana, concedendo o título de nobreza a toda a família da moça. Isso significava que seu pai e irmãos agora era cavaleiros honorários, e poderiam usar o brasão com as flores-de-lis de Joana.

Infelizmente, Carlos não lhes deu nenhuma terra ou dinheiro para acompanhar o novo título, pois ele estava completamente quebrado. (Carlos andava tão pobre que havia empenhado as próprias joias da coroa. E, em visita a uma cidade francesa, encomendou sapatos a um sapateiro, que teve a audácia de se recusar a fazer o serviço por não acreditar que o rei fosse pagar!)

Com vocês, Joana, a mal-humorada

Joana continuava entediada na corte, mas manteve-se ocupada escrevendo algumas cartas...

1 Primeiro mandou um bilhete ao tesoureiro de uma cidade chamada Tours, pedindo-lhe um favor especial (em outras palavras, dizendo-lhe o que fazer). A filha do artista escocês que havia pintado o seu estandarte estava se casando em Tours, e Joana queria ter certeza de que a cidade lhe daria algum dinheiro para um belo casamento!
2 Então Joana escreveu uma carta para um grupo de religiosos na Boêmia (na Europa oriental) chamados hussitas. Eles achavam que a Igreja era rica demais e queriam adorar a Deus do seu próprio jeito, sem acatar o que determinavam os bispos sabe-tudo. Joana poderia ter simpatizado com os hussitas se ela os tivesse conhecido melhor. Mas eles viviam em outro país, e Joana só ficou sabendo que estavam causando problemas para o governante deles, o Sagrado Imperador Romano, com quem Carlos estava tentando fazer amizade.

Na verdade, essa carta foi escrita em latim (um idioma que toda a gente educada da Europa entendia e que costumava ser usado nas cartas internacionais mais importantes). Joana não falava latim, então provavelmente apenas contou o que queria dizer na carta, para alguém que sabia latim. De qualquer forma, ela dizia mais ou menos o seguinte:

23 de março de 1430

Caros hussitas,

Por favor, parem de ser hussitas, neste exato instante, e comportem-se. Senão talvez eu vá lhes fazer uma visita, com o meu exército. (Se não estivesse tão ocupada, já teria dado um jeito nessa situação.)

Sinceramente,

A Donzela

3 Joana também mandou duas cartas ao povo de Reims, dizendo-lhes que não deixassem de apoiar Carlos, e que não temessem o inimigo. "Eu vou fazê-los amarrar as esporas tão rápido que eles nem vão conseguir vesti-las para dar o fora daqui", ela escreveu. As frases de Joana nem sempre faziam muito sentido, mas todo mundo sabia o que ela queria dizer — que logo, logo estaria de volta à luta.

Saindo sozinha

Joana estava parada havia dois meses e, é claro, de muito saco cheio. Então, como sempre, decidiu resolver as coisas sozinha. Se Carlos não queria que ela ajudasse, e nem a deixava chegar perto do exército ou dos outros capitães, então ela teria que fazer o melhor possível sem eles. Ela não tinha tido muitas notícias de suas vozes nos últimos tempos mas, em vez de ficar esperando por elas, decidiu agir por conta própria.

Um belo dia, Joana disse a todos na corte que ia sair para tomar um ar. Pegou seu servo João e mais alguns outros e cavalgou para longe, à procura de alguma luta.

Não demorou muito para que ela conseguisse se juntar a um pequeno exército de soldados. Muitos desses homens provavelmente eram mercenários — soldados profissionais que lutariam para quem quer que os pagasse — e, assim, independentes de Carlos, que mal podia pagar pelo seu próprio jantar. (Os mercenários provavelmente estavam sendo pagos por nobres franceses endinheirados que queriam conquistar o controle de algumas cidades aqui e ali.)

Joana, que havia comandado todo o exército francês (em certo momento, com 12 mil homens) com o apoio de Carlos, agora agia pelas costas do rei, mancomunada com um bando desconhecido de trezentos ou quatrocentos homens brutos e prontos para lutar.

Mau comportamento

Joana havia deixado claro aos seus homens que carinhos com garotas era estritamente proibido no exército dela. Assim, quando descobriu que seus soldados tinham contrabandeado algumas delas para dentro do acampamento para um pouco de diversão, reagiu como de costume:

Conta-se que Joana quebrou sua espada, aquela que descobriu miraculosamente na igreja em Fierbois. Quando Carlos soube disso, ficou muito bravo e disse a Joana que ela não devia ter usado sua espada especial para "tão insignificante fim" quanto a bunda de uma garota. Ela que tivesse usado uma varinha! Naquela época, algumas pessoas achavam que a espada quebrada era um sinal muito ruim.

Logo, outros maus sinais apareceram...

Lagny, abril de 1430

Caro duque d'Alençon,

Peço desculpas por importuná-lo, mas estou preocupado com Joana. Ela parece fora de si.

Há alguns dias, surpreendemos um grupo de soldados borgões em Lagny. Não foi nada agradável, e houve muito sangue. Também fizemos alguns prisioneiros, incluindo o capitão deles. Joana prometeu a ele que viveria, e disse que queria trocá-lo por um prisioneiro francês que os borgões tinham.

Mas, mais tarde, quando Joana soube que os franceses morreram na prisão, ela ordenou que o nosso prisioneiro fosse levado a uma cidade próxima para julgamento, sabendo muito bem que ele seria condenado e executado. (O que de fato aconteceu.)

Eu sei que Joana está muito infeliz, mas não é comum que ela seja tão cruel. Ela prometeu ao homem que ele viveria.

Seu preocupado amigo e criado,

João (criado da Donzela)

Joana até roubou a espada do homem para substituir a que ela quebrou num ato de má sorte, e vangloriou-se que ela era...

A atitude de Joana em campo parecia ter mudado, ela estava se comportando mais brutalmente do que antes. Será que ela fora contagiada pela sede de sangue de seus guerreiros mercenários? Todo o episódio mostra claramente que Joana não era um anjo, independentemente do que o povo acreditasse.

FATO OU FÁBULA?

Milagre em Lagny

Em Lagny, pediram que Joana rezasse por um bebê que não se movia havia três dias e que, segundo Joana, estava "tão negro quanto minha capa". Porém, pouco depois de passar pelas mãos de Joana, o bebê bocejou três vezes. Ele acabou morrendo logo, mas seus pais tiveram tempo de batizá-lo apropriadamente. (Um bebê não batizado não poderia ser enterrado em solo sagrado, ou seja, um cemitério de igreja.)

Más notícias

Em uma noite de abril de 1430, Joana estava sentada em uma trincheira, vendo os seus homens reunir os últimos soldados inimigos depois de outro pequeno combate, quando ouviu suas vozes novamente...

Desta vez, porém, o que as vozes lhe falaram deve ter lhe dado calafrios. Elas disseram que, antes do banquete de São João, que aconteceria dali a dois meses, em 24 de junho, Joana seria capturada pelo inimigo. Disseram-lhe para não ficar assustada e para ter fé, pois Deus estava com ela. Mas Joana ficou assustada, sim, e até rezou para morrer antes de ser capturada.

Mesmo com o que as suas vozes lhe disseram, Joana não perdeu o apetite pela ação. Algumas semanas depois, faltando um mês para o banquete de São João, ela cavalgou uma noite inteira para chegar a outra batalha em tempo. Seria a sua última.

A trégua de Carlos com Filipe, o Bom, estava em farrapos. (Como Joana e outros previram, Filipe não cumpriu o seu lado da barganha.) Então Carlos agora estava feliz em ter Joana lutando por ele de novo.

A cidade de Compiègne estava cercada pelas tropas dos borgões e, assim que chegou, Joana juntou-se aos soldados do exército francês que lá estavam, tentando evitar que fosse capturada. (Era algo parecido com a situação de Orléans, mas em menor escala.)

Por vários dias, houve lutas esporádicas nas aldeias ao redor. Então, uma noite, enquanto os sinos da igreja tocavam, Joana cavalgou em frente aos seus homens em um cavalo cinza manchado — "muito bonito e fogoso", ela lembraria mais tarde.

Eles tentaram passar por uma floresta e surpreender os borgões que estavam acampados do outro lado. As coisas não aconteceram como o planejado, porém, e os franceses logo ficaram em minoria.

Eles galoparam em alta velocidade de volta a Compiègne mas, antes que todos pudessem passar pela ponte levadiça, o grupo foi separado. Segundo os planos, a ponte devia ser levantada, deixando Joana e alguns outros na lama, no lado errado do rio.

Joana foi cercada por soldados inimigos e logo percebeu que não tinha escapatória. Pouco depois, um grande e grosseiro soldado pegou-a pela capa e a puxou do cavalo. Enquanto Joana se esparramava na lama, ela com certeza disse umas poucas e boas aos seus inimigos, mas não havia nada que pudesse fazer.

De volta às manchetes

A notícia da captura de Joana se espalhou rapidamente. Era matéria de capa tanto na França quanto na Inglaterra, apesar do conteúdo dos textos ser ligeiramente diferente...

O GLOBO GAULÊS

24 de maio de 1430

ZUT ALORS!

Destemida Donzela tem derradeira disputa!

A Donzela de Orléans foi tirada de nós! Joana, a princesa do povo, hoje padece em uma cela de prisão. Ela foi capturada pelo inimigo na noite de ontem, depois de uma magnífica exibição de heroísmo nos arredores de Compiègne.

Nosso Anjo da Luz, agora com 18 anos, surgiu de um passado obscuro para salvar a França em uma época de horrível necessidade. Ela colocou nosso rei no trono que agora ocupa.

Este é um dia de luto para a França. Eles fugiram com a nossa Donzela! (Como vamos fazer para trazê-la de volta?)

A CORRENTE DIÁRIA

24 de maio de 1430

PEGAMOS!

BRUXA FRANCESA CAPTURADA EM ATAQUE AO CREPÚSCULO

O monstro chamado por alguns de "Donzela de Orléans" foi enfim capturado. Em uma ousada e cuidadosamente planejada manobra, nossos aliados borgões capturaram a bruxa francesa, também conhecida como "Braço do Demônio", nos arredores de Compiègne.

A criada de Satã, 18 anos, vinha há mais de um ano aterrorizando nossos bravos garotos em seus nobres esforços para civilizar os bárbaros franceses. Mas os ingleses, estejam lá onde for, podem dormir tranquilos hoje à noite. A perversa bruxa está, enfim, atrás das grades. (E não vai demorar muito para ser assada!)

Apesar de quase não terem ouvido falar de Joana nos últimos meses, os ingleses ainda estavam *desesperados* para conseguir se vingar dela. Eles não esqueceram Orléans ou as batalhas que se seguiram. Ainda não tinham posto, de fato, as mãos na Donzela, e levaria um tempo até que a arrancassem de seus pouco confiáveis aliados...

Quem fica com a garota?

O soldado grandão que arrancou Joana do próprio cavalo deve ter achado que ganhou na loteria. Como sabemos, prisioneiros podem ser trocados por dinheiro, e a Donzela era a Maior Prisioneira de Todas. Deve ter sido uma decepção tremenda quando ele lembrou que deveria entregá-la, de graça, ao seu senhor, o caolho João de Luxemburgo.

O senhor João de Luxemburgo era ninguém menos que Filipe, o Bom, e era ele quem decidiria no final das contas o que seria feito com ela. E, com o ouro nas mãos, o duque não se mostraria tão amigável com os ingleses quanto já havia sido. (Ele havia mudado de lado algumas vezes nos últimos tempos, com os acordos oferecidos por Carlos.) Não ia entregá-la aos ingleses de graça.

Filipe decidiu deixar a Donzela aos cuidados de João nesse primeiro momento. E quando soube que ela estava segura debaixo de sete chaves, não pôde resistir a dar uma olhada na estranha jovem que tinha lhe causado tanto sofrimento e ousado lhe escrever com tamanha arrogância.

Não demorou até que Filipe começasse a receber cartas de várias pessoas querendo pôr as mãos em Joana.

PARIS

26 de maio de 1430

Caro senhor "O Bom",

Um passarinho nos contou que você capturou aquela garota miserável — a tal bocuda que nos causou tantos problemas. Bem, todos nós achamos que você deve nos enviá-la para que a possamos julgar como herege e livrar-nos dela de uma vez por todas. (É claro que seria um julgamento completamente justo.)

Sinceramente,

Sacerdotes da

Universidade de Paris

Se houvesse desafios universitários naquela época, esse bando provavelmente seria campeão do mundo, desde que todas as perguntas fossem sobre teologia (conhecimento religioso).

A Universidade de Paris era onde estavam alguns dos mais importantes sacerdotes da época, e lá eles ficavam até tarde discutindo qual seria a forma certa de adorar a Deus.

Em um tempo em que as pessoas estavam divididas entre dois papas, os teólogos de Paris acreditavam ser as únicas pessoas que realmente sabiam tudo em matéria de Igreja. Eles sempre mantinham os olhinhos brilhando à procura de gente que não acreditava no que a Igreja pregava. Quem não seguia as crenças do catolicismo era chamado de "herege".

Os sacerdotes de Paris eram parecidos com aqueles que Joana teve que lidar em Poitiers com uma diferença: não apoiavam o rei da França, mas os ingleses. (Claro, os ingleses ofereceram cargos ótimos aos que lhes dessem razão. Já os que insistiam em se aliar a Carlos eram escorraçados, e alguns foram para Poitiers.) Assim, esses sacerdotes de Paris não apenas suspeitavam de Joana como os de Poitiers: eles realmente a odiavam.

ELA É UMA ENCRENQUEIRA!
ELA É DESRESPEITOSA E DÁ MAU EXEMPLO AO ALEGAR QUE FALA COM DEUS SEM A NOSSA AJUDA.
ELA SÓ CAUSOU SOFRIMENTO!
É UMA ARROGANTE... SEMPRE TEM QUE DAR A SUA OPINIÃO E DIZER AO POVO NO QUE ACREDITAR...
O QUE É NOSSO TRABALHO!
ELA COSTUMAVA ANDAR COM AQUELE REVOLUCIONÁRIO, O IRMÃO RICARDO.
ELA ANDA POR AÍ ROUBANDO O CAVALO DAS PESSOAS!
ELA ATACOU PARIS.
GRAÇAS A DEUS ELA FALHOU, O QUE MOSTRA CLARAMENTE QUE DEUS NÃO ESTAVA DO LADO DELA.

Os sacerdotes tinham medo de que Filipe pudesse fazer alguma besteira, como devolver Joana aos franceses em troca de um grande resgate. Então eles resolveram pressioná-lo...

Havia um homem em particular — Pierre Cauchon, o bispo de Beauvais — que se empenhou em garantir que Joana fosse punida. Aliás, Cauchon levou suas próprias cartas a Filipe, pedindo pessoalmente que Joana fosse entregue a ele.

Cauchon não era mais um membro da Universidade de Paris, mas ainda mantinha contato com seus velhos camaradas, e concordava completamente com eles sobre Joana. Os borgões o tinham feito bispo como recompensa pela lealdade depois do Tratado de Troyes, mas agora ele era ainda mais amiguinho dos ingleses, especialmente do regente, Bedford. Ele estava envolvido com os inimigos de Joana e ainda tinha seus próprios motivos para odiá-la:

- Sua cidade natal era Reims, e ele ficou extremamente desapontado ao vê-la de volta nas mãos dos franceses. *Ele culpava Joana.*

- Ele era um nobre superior da Igreja, e *odiava* a ideia de que Carlos tinha sido coroado em Reims com a ajuda de um bando de impostores. *Ele culpava Joana.*
- Ele foi chutado de Beauvais quando a cidade foi entregue ao exército de Carlos alguns meses antes. *Ele culpava Joana.*

Cauchon havia corrido para Paris para puxar o saco de seus camaradas ingleses até eles lhe oferecerem um trabalho como bispo em Rouen. De lá, ele arquitetou sua vingança — mas para a qual precisaria conseguir ter a posse de Joana. Para sorte dele, a Donzela foi capturada não muito longe do lugar que ele costumava frequentar, em Beauvais, e Cauchon pensou que isso era razão suficiente para ser posto no comando do julgamento dela.

Cauchon sabia o quanto os líderes ingleses queriam ver a Donzela ganhar seu merecido castigo, então não foi difícil persuadir o seu colega Bedford a oferecer algum dinheiro para os borgões.

João de Luxemburgo e Filipe, o Bom, tinham uma escolha. Ou eles mantinham Joana, e talvez tentassem ganhar um resgate por ela dos franceses, ou a vendiam aos ingleses, se o preço fosse bom.

Eles ponderaram por alguns meses, enquanto Joana continuava como prisioneira.

Logo depois de ser capturada, Joana foi transferida para um castelo não muito longe, onde acabou presa em uma torre de quinze metros. Seu criado João fora levado com ela e, a princípio, eles estavam presos juntos. E, durante esse tempo, Joana deve ter falado a ele sobre o medo de que a batalha em Compiègne tivesse sida a última de sua vida.

A grande fuga (quase)

Mas é claro que Joana não ficou ali sentada, deprimida. Ela logo se ocupou com um plano de fuga. Arrancou as tábuas do chão da sua cela e, sendo razoavelmente pequena, conseguiu se espremer através das frestas até o cômodo abaixo. Por sorte, o quarto não estava trancado e Joana escapou para o corredor. Ela estava prestes a conseguir trancar os guardas em sua própria sala quando foi vista e, consequentemente, espancada.

Dessa vez Joana foi jogada em uma cela escura, completamente sozinha. Ela nunca mais viu seu criado ou outro amigo.

Mais tarde ela foi interrogada sobre a tentativa de fuga. Não era errado tentar fugir já que suas vozes disseram que ela seria capturada? Ela não ia contra a vontade de Deus? "Besteira!", disse Joana. Se surgisse alguma chance de escapar, ela a aproveitaria com alegria, pois...

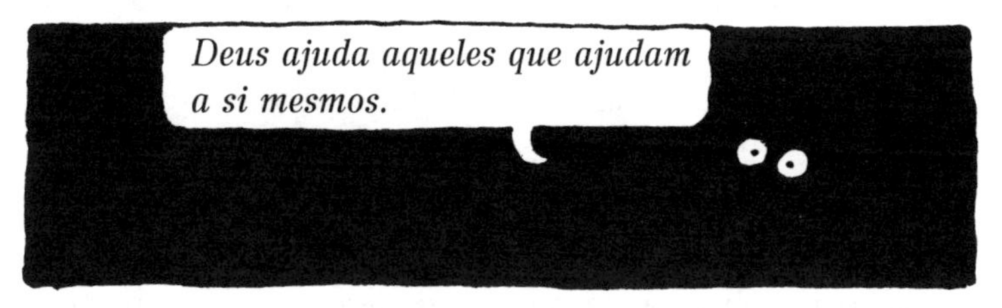

As vozes de Joana disseram que ela seria capturada. Elas não disseram o que aconteceria depois, e Joana sempre esperou que Deus tivesse planos para que ela escapasse de alguma forma.

Carlos ao resgate?

Mesmo que não pudesse escapar sozinha, Joana esperava que alguém a ajudasse.

DIÁRIO SECRETO DA JOANA

Junho de 1430

O que será que Carlos está fazendo? Hummm... Espero que ele esteja ocupado planejando uma tentativa de resgate, e que

Deus o abençoe. Ele vai sentir minha falta, sem dúvida, e se quiser ganhar essa guerra vai certamente precisar da minha ajuda. Ele deve estar para chegar.

AO RESGATE!

É triste pensar que Joana tinha esperanças de ser salva por Carlos porque, na verdade, as chances de isso acontecer eram nulas. Carlos não era nenhum cavaleiro-de-capa-e-espada, e era cauteloso demais para tentar algo tão audacioso quanto um resgate. Na verdade, ele estava de certa forma aliviado em se ver livre de Joana, que sempre foi um pouco demais para ele.

Franceses de toda parte ficaram devastados com a notícia da captura de Joana — especialmente em Orléans, onde orações especiais eram feitas para a Donzela —, mas ninguém podia fazer grandes coisas sem a ajuda de Carlos. Havia um certo boato sobre um pagamento de resgate, mas Carlos estava completamente quebrado, como sempre, e não fazia questão de tentar ajudar a levantar o dinheiro necessário.

Ele não rejeitou completamente a ideia, mas ajudar Joana não era prioridade para ele.

Coisas a fazer

1. Deitar um pouco.
2. Tomar um bom banho quente.
3. Provar a coroa de novo e ficar me olhando no espelho.
4. Descansar um pouco.
5. Comer croissants enquanto ouço os assessores me dizerem como sou um rei nobre e sábio.
6. Descansar mais uma vez.
7. Pensar um pouco em resgatar Joana um dia. (Posso deixar isso para amanhã.)

Carlos acabou mandando um mensageiro até Luxemburgo, com um pedido de que Joana não fosse entregue aos ingleses, mas isso foi tudo. Na verdade, Carlos não fez nada por ela. Francamente, ele estava se lixando para o que aconteceria com ela.

Segurança máxima

Joana era uma prisioneira importante, e seus inimigos ficavam apavorados com a ideia de que ela pudesse fugir. Então, em pouco tempo, eles a transferiram para uma prisão mais ao norte, muito mais segura, em um castelo chamado Beaurevoir.

Beaurevoir era onde Luxemburgo vivia, e Joana logo conheceu a família dele — esposa, tia e a filha adotiva —, e acabou gostando de todas. Elas sentiam pena de Joana e tentavam alegrá-la, fazendo com que se sentisse tão em casa quanto possível.

Elas também tentaram fazer com que Joana abandonasse as roupas masculinas e usasse um vestido. Disseram que ela não poderia cavalgar na prisão, e que por isso não havia necessidade de se vestir como um homem — mania que só servia para fazer que todos a achassem estranha.

Mas Joana disse que não abandonaria sua mania de garoto até que tivesse permissão das vozes dela. Disse que, caso fosse usar um vestido (o que ela não ia fazer), pediria emprestado a elas, com certeza. Ela estava tentando ser educada, pois gostava daquelas mulheres e as achava bem-intencionadas, mas estava completamente determinada a manter as calças e a camisa com as quais estava tão acostumada.

Apesar da teimosia de Joana, as senhoras Luxemburgo ainda gostavam dela. Na verdade, ficaram tão impressionadas com ela que imploraram a Luxemburgo que não a entregasse aos ingleses. Elas sabiam que Joana não teria misericórdia por lá, e não gostavam de pensar no que poderia acontecer a ela. Mas não adiantou, pois no fim Filipe, o Bom, disse a Luxemburgo que era preciso fazer um acordo com Cauchon e os ingleses.

Cauchon havia persuadido seu colega Bedford a oferecer aos borgões uma grande sacolada de dinheiro, e foi isso que finalmente definiu a situação.

Joana fica nervosa

Assim que Joana soube do acordo, ficou apavorada...

DIÁRIO SECRETO DA JOANA

Beaurevoir, outubro de 1430

DIA 63

Meus piores pesadelos estão prestes a se realizar. Eles estão me vendendo aos ingleses! Agora vai ser muito mais difícil conseguir me resgatar. E os ingleses me odeiam ainda mais do que os borgões. Eles querem me matar, eu sei.

Minhas vozes me disseram uma coisa estranha hoje. "Joana, faça o que fizer, mas não pule do telhado." É claro que eu não vou pular do telhado. Nem me passou pela cabeça. Que ideia estúpida!

DIA 70

Por que Carlos não me ajuda? O que o impede? É melhor ele se mexer ou será tarde demais. As vozes vieram, mas só me

disseram, mais uma vez, para não pular do telhado!

DIA 74

Um guarda acabou de me dizer que Campiègne está prestes a ser invadida pelos borgões. Disse que eles vão massacrar todos os moradores. Eu me sinto nauseada. Está dando tudo errado. Onde está Carlos?!

Todas as minhas vozes dizem sempre a mesma coisa — não pule do telhado!

DIA 80

Carlos não virá, não é? Agora eu percebo. Bem, suponho que ele tenha as razões dele.

Estava pensando na Mamãe hoje, e em meus amigos lá em casa. Faz tanto tempo que não os vejo. Domrémy parece outro mundo. Como é que cheguei aqui?

Os guardas estão vindo. Deve ser a hora da minha caminhada diária.

Todos os dias Joana era levada para respirar um pouco de ar fresco — no telhado da torre onde ela ficava. Nesse dia em particular ela de repente decidiu fazer exatamente o que suas vozes lhe diziam para *não* fazer.

De alguma forma Joana sobreviveu ao pulo, apesar de cair mais de vinte metros. Ela era razoavelmente pequena e leve, e provavelmente teve a queda amortecida pelos arbustos. De qualquer maneira, quando os guardas a encontraram, ela tinha cortes e machucados mas não quebrara nenhum osso. Joana se encontrava em violento estado de choque e, quando percebeu onde estava, entrou em violento estado de raiva antes de se desfazer em lágrimas. Então foi carregada de volta para a cela. Por vários dias Joana não comeu nada, e quase não falou.

Quando foi interrogada mais tarde sobre o pulo, ela deu mais de uma explicação. A princípio disse ter pulado por estar com medo de ser prisioneira dos ingleses e porque preferia morrer a escutar sobre mais franceses mortos em Compiègne. Joana nunca desobedecera às suas vozes antes, e deve ter lutado desesperadamente com elas para pular. (Mas também é verdade, porém, que as próprias vozes é que parecem ter posto a ideia na cabeça dela.)

ASSUNTOS MEDIEVAIS

Suicídio

Tentar se matar era considerado um pecado muito sério naquela época. Se você obtinha sucesso, não poderia ser enterrado em solo sagrado. Ao jogar fora o que apenas Deus pode dar — a vida —, era um erro que nem mesmo Ele era capaz de perdoar.

Mais tarde, Joana pareceu ter mudado de ideia a respeito da razão do seu pulo. Ela disse que, na verdade, só estava tentando escapar.

Eu não fiz aquilo por desespero, mas na esperança de salvar meu corpo e ajudar algumas boas pessoas que estavam precisando de mim.

Para falar a verdade, isso parece improvável. Joana devia saber que a queda era potencialmente letal e que tinha pouca ou nenhuma chance de atravessar o coração do território dos borgões sem ajuda, nem mesmo um cavalo. É difícil não ver aquele pulo como o ato de uma pessoa desesperada.

Se o fosse, imagine quão culpada Joana deve ter se sentido quando se deu conta do que fez. Daquele dia em diante, suas vozes não pararam de lhe dizer que ela tinha que pedir perdão a Deus.

É por isso que, mais tarde, ela fingiu estar apenas tentando escapar. Ela provavelmente não queria admitir para si mesma o que havia feito.

Au revoir para Beaurevoir

Quando João de Luxemburgo soube o que acontecera, ficou muito, mas muito chateado: se algo acontecesse a Joana, ele perderia toda a grana! Então, assim que ela se recuperou dos ferimentos, ele a mandou para Arras, onde seria responsabilidade do duque da Borgonha. Melhor que *ele* cuidasse dela até os ingleses estarem prontos para levá-la a julgamento.

Em Arras, o duque da Borgonha mandou que alguns homens tentassem persuadir Joana a tirar suas roupas masculinas e usar um vestido. Mais uma vez Joana recusou a oferta...

Em Arras, Joana podia receber visitas ocasionais de simpatizantes — incluindo um escocês que lhe trouxe uma imagem, que fizera em uma armadura, dela se ajoelhando ante o rei Carlos. Outros visitantes devem ter tentado dar a Joana algo mais útil, porque um dia ela foi pega escondendo um punhado de lixas — para dar um jeito nas barras da sua cela. Infelizmente elas foram descobertas antes de serem usadas.

E, em Arras, Joana teve sorte o suficiente para achar outro padre — um companheiro de prisão que fora preso por alinhar-se ao rei Carlos —, com quem podia se confessar e tomar a comunhão.

A vida na prisão estava prestes a ficar muito pior, porém, pois no Natal Joana estava a caminho do quartel-general inglês em Rouen.

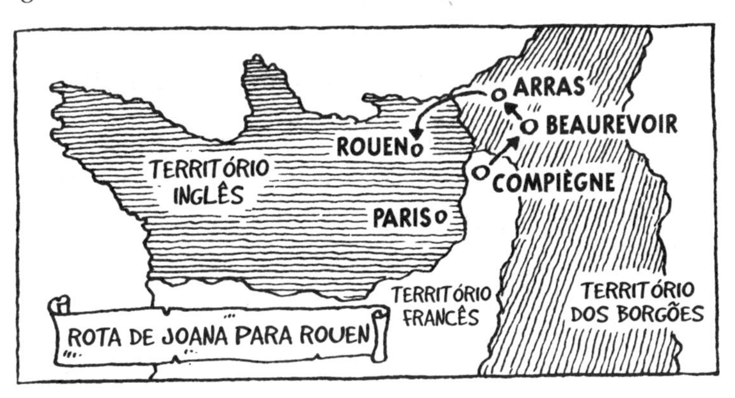

UM BELO JULGAMENTO

Assim que os ingleses puseram as mãos em Joana, não havia jeito de ela permanecer viva, mas eles precisavam armar um grande julgamento para fazer tudo parecer honesto e dentro da lei.

Ela não tinha realmente cometido nenhum crime óbvio, é claro, a não ser espancá-los em batalhas. Então os ingleses planejaram que ela fosse julgada por motivos *religiosos*, que é onde entrava Cauchon. Se ela fosse declarada culpada de heresia, estava justificada a pena de morte. Os ingleses também esperavam convencer a *eles mesmos* que o que sempre disseram sobre Joana — que ela era uma bruxa — era realmente verdade. Assim não se sentiriam tão mal em matá-la.

E se "provassem" oficialmente ao mundo que Joana era uma herege ou uma bruxa, teriam mais uma arma contra o rei Carlos da França, que teria conquistado a coroa com a ajuda de uma criatura maligna do Diabo (ou "Braço do Demônio"). Assim ficaria mais fácil persuadir as pessoas — mesmo os próprios seguidores de Carlos — de que ele não era um rei legítimo, ungido por Deus.

O DIÁRIO DE ROUEN

1º de janeiro de 1431

O JULGAMENTO DO SÉCULO

Estão em curso muitas preparações para o julgamento do século! Os moradores de Rouen estavam ansiosos em ver a celebridade prisioneira ontem, quando ela chegou à nossa cidade. Não é sempre que se pode ver uma bruxa!

Pierre Cauchon, o bispo de Beauvais, está no comando do julgamento. Com doutorado em teologia e um grande apetite para discussões, ele está bastante qualificado para o trabalho. Tendo finalmente posto suas mãos na ladra adolescente, Cauchon está explodindo de entusiasmo.

Cauchon trouxe um time de especialistas para ajudá-lo: seis bispos, 48 teólogos e outros 110 oficiais. Ele tem muito a fazer: preparar as evidências; encontrar testemunhas para depor contra a acusada; pensar em perguntas comprometedoras; e escolher de seu próprio time um painel de "assessores" ou juízes em quem ele pode confiar para conseguir um veredito culposo. Ele está determinado "*a fazer deste um belo julgamento*".

Para Cauchon, um belo julgamento seria aquele em que todos fizessem tudo corretamente (isto é, do jeito dele). Os ingleses não paravam de apressá-lo — não viam a hora de se livrar de Joana de uma vez por todas. Cauchon, porém, era mais metódico, e não se importava se o seu julgamento durasse anos desde que ele fosse "belo".

O Bispo de Beauvais teve de pedir a ajuda de uma pessoa chamada Vice-Inquisidor, pois um julgamento desses só teria validade se alguém importante na hierarquia da Inquisição estivesse presente. (A Inquisição era uma instituição que fazia parte da Igreja, e era responsável por garantir que as pessoas acreditassem apenas nos dogmas católicos.) O Vice-Inquisidor não estava muito interessado a princípio — ele logo notou que o julgamento seria completamente arranjado e não queria fazer parte da armação. Mas não teve muita escolha, e acabou comparecendo.

O primeiro passo de Cauchon foi mandar uma equipe de investigadores até Domrémy para bisbilhotar e tentar achar algum escorregão no passado de Joana. Não seria tão difícil encontrar alguma fofoca nova, algo que provasse que ela sempre foi uma bruxa do mal. Mas, na verdade, os homens de Cauchon voltaram de mãos abanando: ninguém em Domrémy tinha uma reclamaçãozinha que fosse sobre Joana! Um dos investigadores disse que não encontrou nada que não gostaria de descobrir sobre sua própria irmã.

Enquanto isso...

Presa no castelo de Rouen, Joana era maltratada. O único móvel na sua cela era uma cama de ferro, na qual estava acorrentada. Sempre que era permitido que saísse de lá, Joana era vigiada de perto e forçada a usar grilhões nos tornozelos, o que lhe dava bolhas terríveis. Os ingleses até fizeram um repugnante instrumento de ferro só para ela — um tipo de gaiola corporal, que mantinha Joana completamente imóvel. Mas eles estavam provavelmente apenas tentando assustá-la, pois, apesar de colocar o tal instrumento na cela de Joana, eles nunca o puseram em prática.

DIÁRIO SECRETO DA JOANA

Rouen, fevereiro de 1431

Estou aqui há quase dois meses e o julgamento ainda nem começou.

É tudo horrível e não há privacidade nenhuma. Alguns dos meus guardas estão trancados na cela comigo, e há outros do lado de fora. Todos eles me provocam terrivelmente, são cruéis e depravados. Uma hora eles dizem que eu serei solta e, em seguida, dizem que estou prestes a ser executada. Eu acho que só querem me ver chorar.

O estranho é que eu acho que na verdade eles têm medo de mim. São homens simples e escutaram muitas histórias sobre minhas bruxarias — e agora estão aqui trancados comigo!

Ontem um alfaiate chegou com ordens para me medir para um vestido. Eu não tive muita escolha (apesar de estar determinada a não usá-lo). Mas aí ele tentou encostar em mim e eu gritei e dei-lhe um murro na cara. Assim ele aprende.

Começa a batalha de inteligências

No final de fevereiro de 1431, o julgamento de Joana teve início.

A princípio, como na maior parte dos julgamentos, pediram que ela jurasse falar toda a verdade. Essa era uma pergunta de rotina, mas Joana respondeu:

Como posso jurar se não sei o que vocês vão me perguntar? Vocês podem perguntar sobre coisas que não devo lhes contar.

Joana deixou muito claro que havia temas sobre os quais ela não falaria, mesmo na corte. (Ela estava se referindo às

vozes dela.) Seus acusadores logo perceberam que estavam lidando com um réu complicado.

Round Um: vitória de Joana.

Em seguida, Joana foi levada para uma grande sala lotada com 44 "assessores" pouco amistosos e preparados para lhe encher de perguntas. Ela sentou em uma mesa de frente para eles, completamente sozinha do outro lado da sala. Dois escrivães — ou clérigos — faziam as notas oficiais. (Essas breves notas elaboradas durante o julgamento eram devidamente passadas a limpo a cada anoitecer.)

Joana foi interrogada sobre sua família e sua criação. Cauchon, que liderava a investigação, pediu para ela recitar o Pai-Nosso, para ter certeza de que o sabia. (Se não, pensava, ele podia acusá-la de ser uma bruxa!) Bem, é claro que Joana sabia, mas não ia dizê-lo apenas porque alguém tinha mandado. Ela sugeriu que Cauchon a deixasse se confessar adequadamente para um padre e *então* ela o diria!

Round Dois: vitória de Joana.

A seguir, Cauchon avisou-lhe que, se tentasse fugir, isso só provaria que ela é uma herege, já que Deus obviamente quis que fosse posta a julgamento. Mas Joana não acreditou em uma única palavra. Se tivesse alguma chance de escapar, ela lhe disse, estaria fora dali o mais rápido possível. Ela até ousou reclamar em público sobre as condições da sua prisão e sobre ser "acorrentada naqueles aros de ferro".

Round Três: vitória de Joana.

Se você não está obtendo sucesso... trapaceie!

Até então, Cauchon não estava indo muito bem, mas ele tinha uma ou duas cartas na manga.

O Sorrateiro – Plano A

1. Mandar um padre à cela de Joana, fingindo estar do lado dela.

2. Deixar homens do lado de fora anotando qualquer coisa incriminadora que ela diga.

Joana gostou do padre, e logo o fez ouvir sua confissão. Ele fingiu ser um companheiro de prisão e ela pensou que ele fosse um amigo... até que um dia ela o viu no tribunal, fazendo parte da investigação!

O Sorrateiro – Plano B

Esconder dois dos meus homens atrás das cortinas do tribunal. Fazê-los tomar suas próprias notas. (Dizer-lhes que escrevam apenas coisas que vão ajudar nosso caso e que ignorem qualquer outra coisa que Joana diga.)

Mais tarde, acusar os escrivães oficiais de serem parciais em favor de Joana e adicionar coisas às suas notas.

Felizmente, os escrivães oficiais não tinham medo de Cauchon e o mandaram pastar. Eles disseram que era melhor que Cauchon os deixasse fazer seu serviço direito ou eles diriam a todos que ele era um trapaceiro.

Faça uma pergunta idiota

Nas sessões que se seguiram, Cauchon e seus homens dispararam pergunta atrás de pergunta, por horas e horas sem fim. Eles planejavam desgastar Joana até que ela dissesse alguma coisa suspeita — qualquer coisa — para então usá-la em alguma acusação contra ela.

Então Joana foi questionada mais e mais vezes sobre cada parte de sua vida: a infância em Domrémy; as jornadas até Vaucouleurs e de lá até Chinon; as aventuras em Orléans; a coroação em Reims; o desastre em Paris; até a sua captura em Compiègne e as tentativas de fuga.

As perguntas vinham rápidas e abundantes, e às vezes vários dos homens de Cauchon falavam ao mesmo tempo. Joana muitas vezes tinha que dizer:

Por favor, bons senhores, um de cada vez!

Eles também interrompiam Joana a todo momento, impedindo que ela respondesse direito.

No geral, Joana deu aos seus acusadores respostas diretas mas, quando perguntada sobre suas vozes, ela costumava dizer...

Havia certas coisas que Joana achava não ser da conta de seus inquisidores, e ela lhes dizia que nunca falaria sobre suas vozes mesmo que eles lhe cortassem a cabeça. (Não fazia sentido, mas todos sabiam o que ela queria dizer!) E uma vez, quando Cauchon perguntou a Joana o que as vozes lhe diziam na prisão, ela disse que lhe contavam fofocas sobre ele, mas que ela não diria o que eram!

No entanto, à medida que o julgamento continuava, Joana começou a falar mais e mais sobre suas vozes, explicando, por exemplo, que elas eram são Miguel, santa Catarina e santa Margarida. Mas os assessores nunca ficavam satisfeitos, e as perguntas sobre suas vozes ficaram cada vez mais idiotas...

Quanto mais corpóreas Joana fazia suas vozes parecerem, menos os juízes gostavam delas, mesmo que fossem as perguntas estúpidas deles que a forçassem a descrevê-las daquele jeito.

Você tem certeza de que não é uma bruxa?

Às vezes os interrogadores de Joana seguiam uma linha de questionamento por horas, e então mudavam subitamente de assunto para tentar levar Joana a dizer algo que pudesse lhe causar problemas.

Cauchon e seus homens estavam absolutamente desesperados para fazer Joana admitir que era uma bruxa. Então continuavam a lhe fazer perguntas sobre a Árvore das Fadas em Domrémy. Essa história sobre fadas não era extremamente suspeita?

1. Uma mandrágora é uma planta que as bruxas supostamente sempre têm consigo.

"Joana e seus amigos não se associaram com as fadas?", eles lhe perguntaram, "e isso não mostrava que ela mantinha contato com espíritos malignos mesmo quando era pequena?"

Mas eles estavam sem sorte. Joana não estava caindo nos truques deles.

Joana está com a vantagem

E os homens de Cauchon continuavam tentando enganar Joana com perguntas espertinhas...

Mas Joana estava com muitos pés atrás, e não ia ser pega tão facilmente...

Joana devia estar exausta com tudo isso, mas na maior parte do tempo ela manteve a calma e deu o melhor de si. Às vezes, quando ouvia uma questão pela terceira ou quarta vez, ela dizia aos juízes para olhar de novo nas suas respostas anteriores, pois não ia repetir tudo de novo. Ela até lhes disse que já tinha respondido algumas perguntas sobre suas vozes quando Carlos a mandou aos bispos em Poitiers, e que eles deviam olhar as respostas que ela deu daquela vez.

Em um dado momento, porém, Joana acabou perdendo a cabeça e disse claramente a Cauchon que ele não tinha o direito de se posicionar como juiz dela.

O DIÁRIO DE ROUEN

7 de março de 1431

BRUXA GANHA AMIGOS ENQUANTO JULGAMENTO PATINA

O julgamento do século não vai de acordo com o planejado. A "acusada" pode até sair ilesa se alguém não conseguir pensar em algo de que acusá-la!

E as respostas da acusada ficam cada vez mais audaciosas. Perguntada se Deus lhe dissera para usar roupas masculinas, ela disse que a questão das suas roupas não era importante e que os juízes não deviam se importar com esse tipo de coisa.

Perguntada mais uma vez sobre o que suas vozes lhe disseram recentemente, ela apenas respondeu: "Que eu deveria responder a vocês corajosamente". E quando uma de suas respostas anteriores foi lida por um dos escrivães, ela disse que ele cometera um erro e ameaçou lhe "puxar a orelha" se ele não prestasse mais atenção.

Escrivão: deve se esforçar mais

As respostas de Joana estão provocando risos na sala de audiência, e um ou dois juízes estão até começando a gostar da acusada.

Fala-se que ontem o bispo Cauchon estava furioso com um de seus próprios homens por ele ter admitido que não podia culpar Joana por nada que ela dissera.

O caso continua.

Joana já havia admitido não "distinguir A de B" (isto é, não sabia ler ou escrever), mas claramente não era boba. O fato é que, sem um advogado para ajudá-la, ou até mesmo um amigo para a aconselhar e apoiar, uma garota iletrada estava levando a melhor sobre sábios doutores, tão determinados em vê-la destruída.

Em um dado momento, um famoso jurista estava passando pela cidade. Cauchon mostrou-lhe o registro do julgamento e perguntou-lhe a sua opinião. O especialista disse que o julgamento não era justo, pois não foi dada a Joana uma lista das acusações contra ela e porque era óbvio que a maioria dos seus juízes a odiava e *queria* condená-la. Ele disse que a coisa toda era um escândalo, e que não conseguiria assistir a um julgamento desses. Ele partiu logo em seguida.

Cauchon muda de tática

Depois de uma semana de interrogatório, Cauchon decidiu que Joana estava tirando vantagem da atenção que recebia na sala de audiências e que estava ganhando simpatia demais. Cauchon pensou que talvez seria melhor se conduzisse ele mesmo o julgamento. Então, pelas duas semanas seguintes, ele e apenas alguns de seus homens mais confiáveis interrogaram Joana na sua minúscula cela, onde ela não conseguiria levar vantagem sobre eles tão facilmente.

Cauchon também mudou sua linha de ataque, e passou a fazer perguntas complicadas sobre episódios que ela preferiria esquecer. Com isso, esperava fazê-la se sentir culpada por algumas das coisas que fizera. *Por que* ela atacara Paris em um dia santo? *Por que* ela quebrara sua promessa e deixara o prisioneiro da Borgonha ser morto? *Por que* ela pulara da torre em Beaurevoir, mesmo se as suas vozes lhe disseram para não o fazer? Ele até fez Joana lembrar que roubou o cavalo do bispo de Senlin!

DIÁRIO SECRETO DA JOANA

Rouen, março de 1431

É horrível. Agora estou trancada com aqueles velhos horríveis e suas perguntas horrendas. As mesmas, por várias e várias vezes. "Por que você fez isso? Por que fez aquilo? Por quê? Por quê? Por quê?" Será que eles estão tentando me enlouquecer? Hoje me perguntaram por que eu encorajei meu exército a matar alguns homens. Eu lhes disse que preferia meu estandarte mil vezes mais à minha espada, e que nunca matei um homem de propósito, mesmo em batalha. Mas não tenho certeza de que eles acreditaram. (Não tenho certeza nem se eu acredito.)

Joana estava ficando desgastada e deprimida, e logo começou a ficar mais descuidada. Os juízes perguntaram mais uma vez sobre seu primeiro encontro com Carlos: havia um anjo dourado sobre a cabeça dele? Quando lhe perguntaram pela primeira vez, Joana disse: "Por Deus, se havia um eu nunca vi!". Mas dessa vez, extremamente cansada, acabou dizendo que *havia*, sim, um anjo dourado. Descreveu, com detalhes, a sua primeira aparição, em Chinon, quando colocara uma coroa dourada na cabeça de Carlos para que Joana o reconhecesse. Para Joana, essa era apenas uma forma de descrever sua própria certeza sobre Carlos. Mas seus juízes achavam que qualquer um que alegava poder ver anjos dourados era *altamente* suspeito (mesmo que eles tivessem sido os primeiros a mencioná-lo!).

Brincando com as palavras

Joana logo se encontraria mais encrencada ainda...

DIÁRIO SECRETO DA JOANA

Couchon começou com os truques dele de novo. Fica me perguntando se eu me "submeto à Igreja". Já deve ter perguntado isso mais de vinte vezes. Eu sigo dizendo, "Não, eu me submeto apenas a Deus". Achei que Cauchon e seus bispos estavam falando sobre eles mesmos serem a Igreja. Achei que Cauchon estava perguntando se eu também me considero uma herege.

Mas então percebi que estava é caindo na armadilha dele. A Igreja é muito maior que aquilo. Cauchon e seus escudeiros são apenas uma pequena parte dela. Minhas vozes nunca disseram nada contra a Igreja como um todo e, pessoalmente, adoro ir à igreja. Então eu devia ter dito "Sim". Ao dizer "Não", dei a entender que não concordo com a Igreja, ou seja, estava admitindo ser uma herege!

Provavelmente um assessor mais amigável aconselhou Joana a dizer que ela se submetia à Igreja, mas não à parte representada pelos sacerdotes da Universidade de Paris. Joana disse a Cauchon que ela se submetia a Deus e ao papa em Roma, e Cauchon não teve muito como argumentar. Mas ele ficou extremamente nervoso e disse aos escrivães para não anotarem a resposta de Joana! Por isso, ele ganhou uma reprimenda de Joana:

A acusada, enfim, acusada

Joana foi então levada de volta à corte, onde uma lista de setenta acusações contra ela estava finalmente preparada.

(Você deve estar estranhando o fato de esse julgamento terminar com as acusações em vez de começar, como é o normal. E tem razão. O julgamento de Joana começou com montes de questões, para então se “achar” as acusações!)

Muitas das acusações eram obviamente uma completa besteira, e se referiam a fatos que Joana tinha negado explicitamente. (Que ela carregava uma mandrágora, por exemplo, e que havia lançado feitiços mágicos enquanto derretia cera de vela na cabeça de crianças!) Joana indicou muitas acusações injustas, e Cauchon acabou reduzindo-as para apenas doze — que também não eram muito justas, diga-se de passagem. (Por exemplo, Joana *ainda* era acusada de não se submeter devidamente à Igreja.)

As acusações concentravam-se nas suas vozes e na forma como ela as escutava mais do que à Igreja. Mas eles também trouxeram à tona o Anjo Dourado que Joana disse ter visto em Chinon, seu hábito de fazer profecias, as roupas masculinas, sua tentativa de suicídio e o fato de ela ter desobedecido a seus pais quando fugiu de casa.

Cauchon distribuiu essas doze acusações, e mandou-as para que seus camaradas da Universidade de Paris dessem sua opinião esclarecida e imparcial...

Mais alguns truques sujos

Mesmo na Páscoa, o dia mais santo do ano, Joana continuava proibida de ir à missa ou receber a comunhão. Cauchon disse que a liberaria se ela concordasse em usar apenas roupas femininas dali em diante. (Ele estava ficando mais e mais obcecado com aquelas calças de homem, e esperava conseguir condenar Joana por usá-las.) Ma ela não aceitou. Disse que usaria um vestido apenas para a missa, voltando depois a vestir suas roupas de sempre. Cauchon disse que isso não era suficiente.

Então Joana ficou doente, e acusou Cauchon de estar deliberadamente envenenando-a. Na verdade, porém, ela provavelmente comeu alguma comida com prazo de validade vencido — coisas de prisão. Cauchon a queria morta, mas apenas se fosse como resultado de seu belo julgamento.

Quando Joana melhorou, Cauchon continuou com o interrogatório, esperando que ela dissesse algo para incriminar-se mais claramente. Mas, em abril, Joana disse a ele que de nada adiantaria lhe fazer mais perguntas idiotas:

Eu não vou fazer nem dizer nada além do que já disse.

Então Cauchon decidiu que era hora de mostrar-lhe algo que, ele imaginava, podia fazê-la mudar de ideia... a câmara de tortura.

Na verdade, os homens de Cauchon tinham votado 11 contra 2 para *não* torturar Joana. Mas Cauchon provavelmente esperava que pudesse assustar Joana apenas lhe mostrando seu pomposo kit de tortura. Como sempre, porém, ele subestimou sua prisioneira, e a resposta de Joana foi típica:

> *Sinceramente, mesmo se você arrancar meus membros e separar minha alma do meu corpo, eu não vou lhe falar mais nada de diferente; e se eu disser alguma coisa, depois vou contar a todos que você me forçou a fazê-lo.*

O veredito de Paris

Em maio, a Universidade de Paris mandou suas conclusões. Eles disseram que Joana era obviamente "blasfema quando se dirigia a Deus" e seriamente "errada em sua fé". Eles decidiram que suas vozes deviam ser "invenções humanas" ou algo que "provinha de um espírito maligno".

Os homens de Cauchon explicaram por que era impossível acreditar que suas vozes vinham de Deus...

Seja lá como foi, o que eles queriam dizer era: na Terra, Deus pôs a religião nas mãos da Igreja, então, se alguém como Joana aparece e diz que fala diretamente com Ele, cabe a ela *provar* isso.

Mas Joana não seria obrigada a "provar" que suas vozes existiam — ela sempre deixou claro que não fazia milagres. Mas também não diria que elas não existiam. Joana não daria o braço a torcer:

Infelizmente, a coragem e a determinação de Joana não durariam por muito tempo.

Joana se entrega

Com o veredito de Paris, Cauchon achava que provavelmente tinha tudo de que precisava para condenar Joana, mas antes queria humilhá-la em público. Então, no final de maio, ela teve a cabeça raspada e foi forçada a usar um vestido. Em seguida foi levada a um cemitério do lado de fora das muralhas do castelo e todos foram convidados a vir para zombar dela...

DEUS VAI PUNIR HEREGES PERVERSOS COMO ESTA GAROTA MALIGNA. ELES QUEIMARÃO NO INFERNO PARA SEMPRE.
RÁ RÁ RÁ!
BUU!
JOANA, VOCÊ É O BRAÇO DO DEMÔNIO, CRIADA DE SATÃ, UMA HEREGE PERVERSA ETC. ETC.
CONFESSE OS ERROS DE SUA CONDUTA!
ASSINE ISTO E VOCÊ SERÁ SALVA. SE NÃO, VAI DIRETO AO ENCONTRO DO CARRASCO...
MAS O QUE ESTÁ ESCRITO AQUI? EU NÃO SEI LER!

Para a apavorada e exausta Joana, as multidões calorosas de Orléans e Reims deviam parecer muito distantes. Enquanto a população de Rouen gritava ofensas para ela, o padre repetia que se ela assinasse seria salva, e, se não o fizesse, seria queimada imediatamente.

Depois de meses de assustadora detenção, e semanas de cansativa investigação, Joana estava agora no limite da sua inteligência. Era simplesmente humana, afinal de contas, e finalmente cedeu: com a ajuda do padre, assinou o papel.

Não se sabe exatamente o que estava escrito ali (tampouco sabia Joana). Provavelmente alguma coisa sobre Joana admitir que estava errada sobre suas vozes virem de Deus, que ela jogaria fora suas roupas masculinas e se submeteria à Igreja. O estado da Donzela era tão miserável que ela provavelmente nem se importava com o que dizia aquele papel.

Fatos de capa e espada

A assinatura de Joana

Testemunhas dizem que Joana assinou com uma cruz, como costumavam fazer as pessoas que não sabiam escrever. Mas sabemos que Joana *sabia* escrever o próprio nome, porque ela mesma assinava as muitas cartas que ditava. Às vezes, porém, Joana assinava uma carta com uma cruz como um tipo de código para assinalar que ela não queria realmente dizer o que estava escrito na carta. (Ela fazia isso quando achava que o inimigo podia ler, para enganá-lo.) Quando Joana assinou o pedaço de papel do padre com uma cruz, talvez fosse como se ela estivesse fazendo uma promessa com os dedos cruzados às costas.

Para os ingleses, tudo isso era uma terrível decepção. O motivo do julgamento era mostrar como Joana era uma baita herege, e como ela deveria arder na fogueira o mais rápido possível. Mas na verdade lhe fora dada uma chance de escapar. Ela concordou que estava errada e pediu para ser salva pela Igreja. Isso era uma má notícia, já que, de acordo com as regras da Inquisição, não era permitido queimar um herege se ele admitisse estar errado. Só era permitido puni-lo com a velha e chata prisão perpétua!

Achando que perderiam uma cantoria em volta da fogueira, os ingleses estavam *furiosos* com Cauchon por deixar seu Inimigo Público Número Um escapar. Depois de todo aquele tempo, parecia que o velho bispo havia arruinado seu "belo julgamento".

Joana muda de ideia

Hereges que admitiam estar errados deviam ser mantidos nas prisões das igrejas, onde as condições eram menos duras. Joana exigiu ser transferida, mas Cauchon a mandou direto para a prisão inglesa, a qual ela achava tão repugnante.

DIÁRIO SECRETO DA JOANA

Quinta-feira, 24 de maio de 1431

O que foi que eu fiz? O que foi que eu fiz? Eu apenas sucumbi. Será que Deus um dia poderá me perdoar?

Os guardas zombam de mim por ter cedido e estar usando um vestido, mas isso não é nada comparado às minhas vozes, que continuam me lembrando que eu as traí, e que traí a Deus.

O que devo esperar agora? Uma vida acorrentada nesta horrível prisão, abandonada até mesmo por Deus? Não posso conviver com isso, prefiro morrer.

Depois de alguns dias, Joana estava usando roupas masculinas mais uma vez. De acordo com uma história, ela não tinha muita escolha, pois enquanto ela dormia seus guardas tiraram seu vestido e deixaram uma pilha de roupas masculinas no lugar. E como ela tinha que usar *alguma coisa*...

De qualquer forma, assim que Cauchon soube que Joana descumprira a promessa, foi direto à cela dela. Joana lhe disse que, para ser honesta, ela se sentia mais segura em roupas masculinas quando estava entre seus guardas ingleses. Então ela disse que preferia usar roupas masculinas *de qualquer forma*, e inclusive tinha *decidido* vesti-las de novo porque suas vozes estavam muito desapontadas com ela. Finalmente, Joana disse que as suas vozes eram reais e que, se ela alguma vez tinha dito o contrário, estava arrependida.

Apesar de fingir estar triste, Cauchon deleitava-se. Isso era exatamente o que ele queria. (Talvez ele realmente *quisesse* que Joana assinasse o papel no cemitério, sabendo que logo ela mudaria de ideia, o que facilitaria queimá-la.) Ao voltar à velha forma, Joana provou definitivamente ser uma herege *completamente* sem esperança de cura, que estava decidida a desobedecer à Igreja e merecia morrer. Cauchon poderia entregá-la ao carrasco inglês com a consciência tranquila.

Quando saiu da cela de Joana, depois de ouvir a decisão de sua acusada, Cauchon esbarrou em um importante conde inglês no corredor. Ele deu um tapinha no ombro do conde e disse:

Três dias depois, em sua cela, Joana admitiu aos juízes que tinha inventado a história sobre o anjo dourado que apontara para o rei Carlos em Chinon. "Eu era o anjo, e não havia nenhum outro", ela disse. O anjo fora apenas uma forma de descrever sua própria sensação de certeza sobre a pessoa do rei, já que ela achava ter sido inspirada por Deus.

Sobre suas vozes, porém, Joana disse: "Fossem eles bons ou maus espíritos, apareciam para mim".

Joana não sabia exatamente o que a esperava naquele dia, mas já devia imaginar. Ela disse que naquela noite estaria no Paraíso.

Quando contaram a Joana que ela seria queimada na fogueira, a coitada se desmanchou em lágrimas. Tomada pelo terror, ela disse:

Quando Cauchon a visitou em sua cela, Joana gritou: "Morrerei por sua causa!".

Ele respondeu que ela era a culpada por retornar à sua bruxaria e a seus antigos modos. (Ela havia "recaído" em heresia — exatamente como ele esperava.) Então ele deixou Joana confessar-se e tomar a comunhão.

Ela foi posta em uma carroça e levada ao antigo mercado de Rouen. Lá houve outra recepção hostil das centenas de cidadãos que apareceram para impressionar-se com a execução.

Joana, que chamou a si própria de Donzela, uma mentirosa, perniciosa enganadora do povo, feiticeira, supersticiosa, blasfemadora de Deus, difamadora da Fé de Jesus Cristo, orgulhosa, idólatra, cruel, libertina, invocadora de demônios, apóstata, cismática e herege.

Um pregador veio até a plataforma e dirigiu outro longo sermão a Joana. Ela apenas ouviu, em um estado de confusão e choque: será que as pessoas realmente acreditavam que ela era tudo aquilo? Cauchon lhe disse que ela devia pensar na sua alma e esperar que Deus a perdoasse.

Na cabeça de Joana puseram um papel que dizia: "Herege, reincidente, apóstata, idólatra".

Então Joana ajoelhou-se e rezou por meia hora, pedindo a Deus que perdoasse seus inimigos. Muitas pessoas na multidão agora choravam lágrimas de misericórdia por ela, que era, apesar de tudo, apenas uma garota de dezenove anos encarando um destino horrível. Mas um círculo de duzentos soldados ingleses as mantinham afastadas das plataformas, e zombavam dela, como fizeram tantas outras vezes antes.

Joana foi carregada até a fogueira e acorrentada a ela, enquanto chorava horrorizada.

Era como se ela ainda não pudesse acreditar no que estava acontecendo.

Joana pediu se podia segurar uma cruz, e um soldado inglês que estava por perto se apiedou dela e fez uma com um galho que estava no chão. Ele esticou-se e entregou a ela, que a segurou com força.

Um padre foi até o andaime onde estava a fogueira e tentou confortar Joana, mas outro soldado inglês o impediu, reclamando que eles já tinham esperado demais para que a execução começasse.

As mãos de Joana foram atadas e o fogo foi aceso.

Em poucos minutos, estava tudo terminado.

DEPOIS DE JOANA

Nos anos que se seguiram à morte de Joana, o rei Carlos não pareceu sentir muito a falta dela, apesar de alguns de seus capitães do exército certamente sentirem. La Hire, Dunois e d'Alençon continuaram a lutar por Carlos, mas nunca mais viveram nada parecido com aqueles dias emocionantes ao lado da Donzela de Orléans. (No final, d'Alençon se desentendeu com Carlos e acabou na prisão depois de tramar contra ele.)

A política de Carlos de fazer acordos acabou funcionando. Ele conseguiu uma paz duradoura com os borgões em 1435, e logo recuperou o controle de Paris. (Ele cavalgou até a cidade com o fiel criado de Joana, João, agora livre do cativeiro, andando a seu lado.)

Depois de vários acordos e mudanças, e mais algumas lutas, os ingleses finalmente deixaram a França de vez em 1453. (Na verdade, eles mantiveram alguns pequenos pedaços do país sob seu comando mesmo depois disso, mas nada muito significativo.) Carlos, que ainda era rei, ficou com grande parte do crédito e ganhou uma moeda especial celebrando sua grande vitória.

Talvez Carlos tenha ficado um pouco desesperançado no começo, mas a verdade é que se tornou um rei astuto e muito bem-sucedido, e governou a França por trinta anos depois que Joana morreu.

Em 1450, a mãe de Joana, que então vivia em Orléans, pediu ao papa outro julgamento para limpar o nome da filha. O rei Carlos foi a favor, já que ele não gostava da ideia de que as pessoas pensassem que ele teve a ajuda de uma bruxa. Então, em 1455, outro grupo de sacerdotes estudados — que não eram a favor dos ingleses, desta vez — fez tudo de novo. Eles logo disseram que o julgamento original fora armado e que Joana era, afinal de contas, inocente. Em 1456, o veredito original contra ela foi oficialmente derrubado, mas era um pouco tarde demais para Joana, cujas cinzas haviam sido jogadas no rio Sena 25 anos antes.

Em 1903 a Igreja declarou que Joana era oficialmente "Venerável" e, em 1920, fez dela uma santa.